世界公民叢書

未來的・全人類觀點

英國
製造
國家如何
維繫
經濟命脈
ONE POUND
MADE
IN
BRITAIN
How the Nation Earns Its Living

作者◎伊凡・戴維斯 Evan Davis
譯者◎蔡明燁

英國製造：國家如何維繫經濟命脈

【目錄】本書總頁數296頁

第Ⅳ部　服務業

譯者序／蔡明燁

一本書讀懂現代經濟發展趨勢

我不是經濟學家，但伊凡．戴維斯是我平日就很欣賞的資深新聞記者，聽他在電視及廣播節目裡對各種問題侃侃而談，總能提出令人信服的分析與觀點。《英國製造》紀錄片在BBC電視頻道播出的時候，坊間有不少好評，可惜我錯過了觀賞的契機，於是當同名書籍在市面上出版之後，我去圖書館借了有聲書的版本，沒想到當真聽得津津有味！戴維斯的寫作充滿生動的畫面感，尤其能夠用深入淺出的文字，把複雜的概念解釋得頭頭是道，使我終於對英國現代經濟的發展趨勢，產生了比較宏觀性的了解，也對衝擊全球的二〇〇八年金融風暴，有了比較清楚（即使仍屬簡略）的認識。

更重要的是，本書幫助我看到了製造業、智慧財產以及服務業等三大產業之間如何環環相扣，共同成為支撐現代富裕經濟的三大支柱，這個理解使我在不知不覺間，也不斷將書中的分析套用在台灣的經濟發展上，從而使我對國內經濟轉型所面對的各種挑戰，獲得了一些新的視角。因此聽畢全書之際，我迫不及待將本書推介給立緒文化，促成了本書中譯本在國內問世，並有機會成為本書的譯者，我感到非常榮幸。

在翻譯的過程中，我必須把全書再度徹底細讀，發現仍然讀得興高采烈，但凡心有戚戚焉處，更是讓我的翻譯下筆如飛。我希望中譯本的讀者們能從本書受益，並能感受到閱讀的樂趣，正如我從本書所獲致的益處和樂趣一般。至於台灣是否也能從本書對英國的經濟反思中獲得恰當的借鏡呢？我不敢置喙，只能衷心期盼。

作者序／伊凡．戴維斯（Evan Davis）

從藍領到白領：英國經濟的轉型之路

當每件事都在出錯的時候，很難保持樂觀，而且除非特別頑固，否則當你接二連三遭逢厄運時，也很容易對自己的能力產生懷疑，難怪正當西方經濟體不斷受挫之際，近來很少出現正面的經濟觀，尤其是英國人，開始（再度）質疑自己究竟能夠產製或銷售什麼有價值的東西。

本書的目的是要說服你，我們國家謀生的實力比你想像中要強得多。我不是傻瓜，所以我不會強辯好像一切都很美好。過去幾年來一直到二〇〇七至二〇〇八年的經濟大崩盤之前，我們犯了一些嚴重的錯誤，至今仍在為此付出代價。但如果讓一連串的壞消息阻礙了我們的判斷力，以致全然忘了即使連續幾年遭受重大打擊，英國仍是一個相對上具有生產力的經濟體，不免令人悲哀。因此我的目標只是想釐清，在過去幾年間，我們到底做錯了什麼，而又做對了什麼，讓我們可以在世界上立足。事實上，經濟危機爆發前的過去幾十年來，對與錯幾乎旗鼓相當，不過，如能確認國家表現良好之處，至少讓我們在面對錯誤時，可以獲得當今亟需的信心。

最近幾十年來，英國經濟展現出意外的活力，不同於坊間一般的觀感，我們並未枯坐一旁眼看著中國與其他國家崛起，搶走我們的工業和飯碗；反之，我們不斷自我調整以便適應變遷中的環境。正當新興工業經濟體用我們無法負擔的低價大量製造某些產品時，我們開始往具有相對優勢的工業移動，同時，我們的經濟也開始往高價市場的方向走。我們開始從製造工業轉向新的模式，這是一個越來越植基於智慧財產、服務業，以及特殊產品的領域。

這個改變使我們的經濟獲得了成長，我們絲毫沒有懈怠，而是以拓荒者的精神不斷為自己打造新的角色，其他的歐洲國家，也眼看著我們年復一年比他們更亮麗的經濟成績。如果你需要一個數據來證明我們的成就，那麼只要看我們全國收入的增長幅度，在一九八〇、一九九〇，以及二〇〇〇年代，都高於德國、義大利和法國，便可見我們做對了一些選擇（持平而論，過去十年的英國人口不斷增加，是推高經濟成長的重要因素）。我們一方面很快地撤出某些產業，另一方面同樣快速地找到新的工業，提高國家歲收。平均來說，我們變富了，而不是變貧了，而且跟一般的認知正好相反，英國的工作機會變多了，而非變少了。在二〇一一年，也就是金融風暴三年之後，英國的工作人口高達二千九百萬人，比十年前多了一百五十萬，比一九八一年多了五百萬。誠然，英國的勞動市場如此龐大，因此吸收了成千上萬名外籍勞工來此地謀生。

金融危機的爆發並不能改變上述事實，我們確實在往高價市場的方向移動，製造業在我們產出的比例上大幅降低，可是我們的經濟範圍卻擴大了，而非縮小，並且即便我們讓製造業相對萎縮，我們的產製價值卻反而提升了，更在二〇〇八年第一季度時達到巔峰。

二〇一一年，倫敦政經學院（London School of Economics）經濟表現中心（Centre for Economic Performance）出版了工黨政府從一九九七至二〇一〇年的經濟數據分析，指出：

整體而言，與其他主要國家相比，無論就生產力或勞動市場來看，英國在一九九七至二〇一〇年的表現都很搶眼。生產力的表現並不完全集中於金融、房地產、政府服務等「泡沫」經濟，而是來自於人力資源、資訊和通信技術（ICT），以及效率的提升，尤其是企業服務與發行網絡等……。分析其他企業表現指標，如國外直接投資、創新、創業精神和技術，也都證實我們的觀察，亦即生產力的提高是真實的，而非數據上的造假。這些證據對經濟的供應面，指向了比目前一般共識更為正面的解讀。

這也就是說，我們的國家走上高價市場，並非反經濟邏輯的瘋狂行為，而是對所處環境的自然反應：如果中國可以開始製造我們工廠裡的貨品，我們便可以開始發展更有利可圖的東西，例如設計與行銷中國產製出來的成品，這是我們的經濟從藍領演化到白領的部分過程。

這個過程不但有清楚的邏輯，也反映了英國經濟隨著條件變遷而適應的能力。事實上，英國工業與就業結構產生了劇烈變動，舉例來說，從一九九〇年來的二十年裡，製造業在英國經濟的比例降低了一半，從原先的二二%減少到十一%，在這麼短的時間裡，對一個看來相對保守的國家而言，改變是非常巨大的。在千禧年代，沒有其他已開發國家經歷過如此大幅度的轉型，從傳統工業邁向金融與服務業。

我們再舉過去二十五年來倫敦市（London City）的變化為例：一九八六年之後，我們相繼看到老倫敦商業銀行被併購，美國大型投資銀行的竄升，以及重量級英國銀行的東山再起。我並不認為此一發展特別正面，但這個事實卻證明了只要有足夠的動機，我們對改變其實是相當義無反顧的。

究竟是什麼造成了這一切？很多人歸結到柴契爾夫人（Margaret Thatcher）身上，認為她發動了對傳統勞工階級的現代鬥爭。無可諱言，她眼看著英國製造業的淡出而無動於衷，並大力鼓吹倫敦市金融業的成長，或許她真有階級鬥爭的企圖也不一定，然而有趣的是，當她和保守黨退出領導權之後，這個經濟趨勢卻持續著。政府對於減緩變化的發生，可以扮演一定的角色，卻非帶動變化的主要推手，我認為在經濟發展上，比政治家更重要的是匯率。人們常會低估匯率在協調經濟走向上，具有多麼重要的功能！強勢匯率可以誘惑企業把低價活動移向境外，因為在英國從事這樣的生產，相對上成本變得太昂貴，尤其過去十年來，英鎊的高匯率加上中國快速工業化，導致製造業的產品價格下跌，英國消費者自然會選擇購買進口商品，英國製造業者也自然會選擇在外地生產。

所以大體來看，這是對英國經濟發展相當正面的回顧：彈性經濟，隨著價格所釋放出來的訊號而調整，不斷往高產值工業的方向移動。數據也證明這些選擇是正確的，那麼怎麼還會出錯呢？金融危機的爆發，讓我們看到英國經濟兩個重大的致命傷。

第一、它凸顯了新經濟寵兒——金融服務業——的弱點，也就是它的很多成功都是虛幻的。金融服務業的擴張，一部分來自額外的冒險（連它自己也沒有意識到），因此它並沒有替英國創造出銀行家及其他人士原先以為的龐大產值，崩盤之後，金融業反而需要納稅人的補助，且額度是過去英國製造業者如英國利蘭公司（British Leyland）未能想見的天文數字。

但還有第二個更嚴重的問題，雖然英國改變了很多，也創造了良好的經濟指標，但在新經濟當中，並沒有一個外銷產業大到足以維持英國人已經習慣了的生活型態。雖然我們的經濟在高價市場上有很多外銷，但量還不夠大，以致和外銷產業相比，內需的經濟面過於龐大。金融危機爆發前，國家消費、借貸、進口的幅度過高，難以長期維繫，而正是此一經濟活動使我們的經濟得到快速增長。也就是說，金融危機爆發之後，借貸停止了，消費也停滯了，事情必須有所改變，我們必須建造更大的外銷產業，或者我們必須重新適應不一樣的、較不富裕的生活模式。這讓我們忽然理解到，原來英國改造的故事並非那麼不同凡響，是我們之前過度進口，才會帶來繁華的假象。

簡單地說，一九九〇年代的英國突然發現兩件事：一是因為國際的激烈競爭，工廠的利潤越來越低，二是商場的利潤很高，員工的生產力也強，因為每小時都可以賣出很多商品。於是我們的經濟回應了這兩個發展，很多工廠相繼倒閉，同時越來越多的商場開張大吉，而因為創造了高利潤、高產值的工作，經濟數字看起來也很好。這個模式表面上好像是贏家，直到我們發現，一個經濟體不能只仰賴向國外進口產品來維持榮景；唯有當貸款額度恰好足夠進口商品在店裡銷售的時候，開商場、創造高產值工作才是好的投資。

這個簡化的說法也解釋了英國在金融崩盤前十年的現象。我們把能夠外銷，以及能夠和進口商品競爭的產業削減得過小，取而代之的，我們讓不能買賣的產業膨脹得太大，包括面向國內消費者的服務業，以及政府部門。這使得英國原先相對健康的調適，變成了不健康的過度調適：英國經濟移向高產值工業，並倚賴進口低廉的製造產品（主要來自中國大陸）後，一開始國家確實受益，但經濟成長使消費者和政府都對長程發展感到過度樂觀，高估了收入成長幅度，同時也讓銀行產生超貸的意願，而貸款刺激消費，進而帶動更多的轉型和經濟成長，回過頭來又讓大家更充滿對新經濟的信心，直到我們忽然發現，超貸幾近不可收拾，而收入的成長速度卻不可能永遠跟上其腳步，這時我們對過去所犯的錯誤終於恍然大悟。

隨著金融風暴，英鎊的貶值讓我們看到了警訊，原來我們已讓過多的產業出走了！二〇〇六年時，一英鎊兌一．四五歐元，英國不是個製造出口的好地方，但很適合購買與進口；到了二〇一一年時，一英鎊兌一．一五歐元，在英國製造、出口的魅力大增，但購買力的優勢下降。新世紀初期過強的英鎊匯率愚弄了我們，使我們關閉太多的工廠，開了過多的商場。

或許你會問，我有什麼理由對我們的經濟發展抱持樂觀呢？從金融崩潰之前的英國經濟演化，你看到的可能是一個國家如何步入歧途，但我們現在雖然可以當事後諸葛，也應注意到，好的經濟條件往往可以走得很遠，事實證明英國在面對挑戰時，總是有能力做出負責任的應對，表現優異，因此就事論事，當時的高匯率和製造業的激烈競爭，確是巨大考驗，如果我們的經濟可以正面迎接當時的挑戰而做出健康的反應，那麼現在也沒有理由懷疑，我們無法重新適應新的環境做出新的改變。

一些實際數據可能可以幫助我們對狀況產生較具體的掌握。二〇〇六年時，當時的財務大臣高登．布朗（Golden Brown）預期我們未來五年內的經濟成長率可達十三％，但事實上到二〇一一年底時，我們的經濟才回復到二〇〇六年初的狀態，也就是說，金融風暴來襲，使我們的國家收入（可能將永遠地）縮小了一〇％，幾乎將我們從二〇〇四年中期到二〇〇七年的成長全給還回去了。其他國家也一樣要調低他們的預期指數，只是很少有像英國這麼大的幅度而已。但我們同時也不應或忘：風暴來襲前十年內，英國經濟成長了三三％，比德、義、法都多了七％以上，也因此我們雖然犯錯了，卻毋須讓我們的經濟自我價值觀一敗塗地。

我無意對我們正面臨的考驗輕描淡寫，我們目前最重要的任務，便是要重建可貿易物質的領域（tradable sector），但無可避免的，不可貿易物質的領域將會萎縮。我們須將重心放回製造業的身上，因為此一產業有比服務業更多外銷導向的產品，未來幾年內，英國人也必須重新開發他們在機械與製造方面的技術特長。

此一改變將會面臨許多挑戰；第一、很顯然的，如果其他國家提高進口，外銷便會容易得多，但麻煩的是，我們的主要市場——歐元區和美國——近年來也都問題重重，而當他們有自己的困難必須解決時，就不太有心思去購買更多英國貨。事實上，他們也希望能夠透過外銷走回經濟復甦之路。糟糕的是，就新興市場來說——中國和印度的消費需求近年來快速激增——我們在當地的銷售成績卻一直非常有限。

第二個挑戰是，在供需經濟上，改變走向需要好幾年的時間，因為我們可以很快改變消費的路線，卻無法同樣快速地改變生產路線；前者需要的只是一個決定，去哪裡買什麼，但後者卻需要培養技術、建造工廠及開設公司。一個經濟體如果花十幾二十年的時間「去工業化」（deindustrialisation），回復的過程可能至少也需要同樣的時間。而且值得注意的是，今天的製造過程比起過去可謂四分五裂，所以不是讓幾家成功的公司開闢一些新的工廠就能立竿見影，涉及到的是整個產業供應鏈的重建。

最後一個挑戰，則是我們早已習慣的生活水平將受到嚴厲打擊。回到我先前的比喻，我們之前開了太多商場，關閉太多工廠，商場的工作薪資可能比舊工廠高，但現在當商場關門歇業時，新開闢出來取而代之的工作機會，薪資條件卻可能不那麼優渥。政府機關的工作也一樣，由於有部分的政府工作是金融危機爆發前，政府的貸款過高，以及金融業帶動的經濟榮景使國府的稅收增加所致，一旦經濟崩盤，財源匱乏，某些工作就此消失了，或者薪資變低了，或者需要提高稅率來支付，都屬意料中事。

本書出版之後的一年裡，更多的負面經濟新聞只能證明，英國要重新平衡經濟並非朝夕之事，也絕非毫無痛苦，如果你希望聽到我說，我們很快就能走上康莊大道，那麼你可能要失望了！我的樂觀並非植基於我們很快將能重建強大的經濟，而是來自簡單的觀察，確知我們是活在一個工業化的、彈性的生產經濟裡，經濟成長遲早一定會恢復。過去已證明，我們跟世上所有的國家一樣優秀，有能力調整經濟去適應各種外在條件，未來當然也不會例外。

引言

本書是為任何對英國經濟感興趣的人而寫，希望追問我們的國家如何維繫命脈。你可能想知道，在今天瞬息萬變的世界裡，我們的生活水平究竟牢不牢靠；或許你跟很多人一樣，擔心我們好像已經停止從事生產，很難理解英國到底如何在世上立足；或者，你只要看到我們得奧運金牌或諾貝爾獎，就至為振奮，可是如果看到法國人在哪裡比我們強，就充滿了焦慮，因此你想知道的是，我們和競爭對手相比，究竟孰優孰劣。無論你的動機為何，本書的目的是想幫助你超越最近困難重重的幾年，得以持平衡量我們在生產和銷售上，究竟達到怎樣的成績。

對於特別喜歡把英國看得一無是處的悲觀讀者——好像世上別的國家都比我們更會教學、足球踢得更好、火車更準時、數學能力更強、政治更民主、清掃道路積雪更有效率、更懂得打擊犯罪、或者在拯救地球上更勝一籌——本書可能無法取悅你，因為我們做為一個現代化的富裕經濟，表現真的相當出色，這是我們能夠享受高生活水準的主要原因。可是相對地，如果你的愛國情操到了盲目的地步，想看我們究竟偉大到什麼程度，那麼你也不會喜歡本書。我的基本論點是，我們的經濟夠扎實，足以讓我們用開放的心胸來就事論事，我想用客觀的角度來評估國家經濟的優點與弱勢，好壞兼容並蓄。

無可諱言，要對自己的國家做客觀評量殊非易事，我難以確認在選擇素材時，個人的願景是否會在有意無意間扮演某種把關的角色，又或者為了公平起見，可能對某些事實的詮釋過分嚴厲或寬容，我只能盡力而為，並以其他評論人及較無直接利害關係者的意見為座標，在結論中力求平衡。

本書的開頭，以及搭配的 BBC 第二頻道電視系列，都始於二〇一〇年的上海世界博覽會。我們開始拍攝的時候，上海世博會已經熱烈展開，每天都有四十萬人排隊進場，爭相參觀一八七個國家的展覽館（及許多其他活動）。世界博覽會是每個國家都會花幾百萬英鎊，搭建一個臨時展覽館向世人自我展示的地方，世博會並非競賽舞台，但是每個國家各顯神通，以求爭取最大的優勢，吸引最多的目光，是一個融合了國家主義自傲與自卑的奇妙場合。

我在世博會注意到兩個現象：第一、這個世界上真的有好多國家，英國和別人相比，並不顯得特別重要。對眾多的中國訪客來說，我們只是夾在義大利和法國中間的另一個場館而已；第二、比起和我們相似的其他國家，我們對自己的經濟認同感算是相當低的。相較於法國和義大利，他們的展覽館好大，裡面充滿代表國家的商業象徵，例如在義大利館中，放了一輛杜卡迪（Ducati）摩托車、一只巨型的品牌名鞋，還有陶瓷展覽；在法國館裡，則有一個葡萄酒專區、路易威登（Louise Vuitton）皮包，還有米其林（Michelin）的美食展。

英國館內卻沒有放置任何英國製造的物品，我們相對精巧的展覽館，由英國建築師湯瑪士．海澤維克（Thomas Heatherwick）設計，重心不在產品，而在藝術。它獲得了世博展覽館設計金牌獎，就視覺效果而言，也真的是所有會場上最突出、最具原創性的展場之一，值得我們驕傲，但從另一個角度來看，來到世界博覽會參觀的遊客，通常要花好幾個小時排隊才進得來，可是看完英國館之後卻多半有點迷惘，因為裡面空空蕩蕩，只有六萬根壓克力針頭，每根針裡放了一顆皇家植物園（Kew Garden）裡收藏的種子。在義大利館中，訪客們可以跟法拉利（Ferrari）跑車拍照留念，但他們可以在英國館裡做什麼呢？幸好，館外放了一尊足球明星大衛．貝克漢（David Beckham）真人大小的全身像，好讓訪客們至少有點滿足感。

我們的展覽館在高概念（high concept）領域裡獲得加分，但英國館的工作人員顯然還是忐忑不安，因為不確定走這樣的路線到底對不對。甚至在我們的拍攝團隊抵達之前，他們就一再向我解釋，世界博覽會並非交易場所，我們的展覽館非常符合世博的精神。換句話說，他們可能是在暗示，別的國家企圖推銷他們的商業品牌，有點瞞天過海，但無論如何，我們的展覽館還是給大家一個敏感的共識，亦即好像聰明有餘，卻顯得有點分量不足。

聰明有餘但分量不足，這是兩個重要字眼，因為近幾十年來，舉凡擔心英國經濟走向的人士，可能都覺得我們的展覽館恰是英國經濟的最佳寫照，正如義大利館和法國館也象徵了他們的經濟一樣。論者嘗謂，英國經濟外炫內虛；我們的展覽館內部空洞，只因為我們的產製量根本不夠。

於是我們的世博展覽館成為探索英國經濟的絕妙起點：如果我們像義大利和法國那樣，選擇搭建一個更商業取向的展覽館，我們到底可以在那個館裡陳列何許物品呢？

答案：我們的人口雖然僅佔全球總數的一％，以及已開發國家總人口的五％，但我們擁有不少世界級的工業和公司。在那個展覽館裡，或許我們可以選擇展出化學製藥（在全球十大製藥廠中，英國就有兩家）；我們也可以選擇展示國防與飛航產業（在國防工業方面，英國佔全球市場的九％，航天則佔全球的十七％）；我們可以選擇做石化工業（BP, Shell和North Sea均是英國的石油公司）及析取天然氣的大型展覽；另外，我們可以呈現世界知名的銀行與保險產業，雖然這些內容物在視覺上可能顯得枯燥，但無論你是愛是恨，它們畢竟是為英國賺取最大營收的兩大經濟支柱；最後，我們還可以選擇展示我們的汽車，只不過雖然名之曰「我們的」汽車，其實是我們製造然後出口的日本模型，像 Honda Civic、Nissan Juke、Qashqai 等等。

所以，我們和全世界最強的幾個經濟體並駕齊驅，無奈基於各種因素，一般英國人對這些產業所知有限，遑論能夠像德國人為他們的汽車工業，或者義大利人為他們的流行時裝業而感到自豪。本書和 BBC 2 的系列節目一樣，嘗試向國人呈現，我們雖不能如期許的那樣擁有眾多賺錢的行業，但至少我們仍足以把像亞爾伯廳（Albert Hall）那麼大的展覽空間填得滿滿的，更何況世博會小小的展覽館。

在拍攝與撰寫《英國製造》計畫的期間，我有幸親眼目睹並印證了英國參與製造最有趣的一些產品，例如 McLaren MP4-12C 的新跑車，堪稱英國的法拉利，可以開上一般道路（設有置杯架），也可以賽車（從零到時速一百公里，加速過程只需三・三秒），售價為十七萬英鎊（合新台幣約六五七萬元）。大家都說開起來樂趣無窮，確實，不過我覺得再怎麼樣，可能都沒有 McLaren 自己的車手開起來那麼過癮，因為他們對車的性能瞭若指掌，我從不知道車子轉彎的速度可以那麼快。

MP4-12C 可以說是針對非常特殊的市場而製造，對一般大眾意義不高，那麼英國產製目標如此狹隘的商品，真的可以賺錢維生嗎？無疑地，McLaren 跑車面對的是一個獲利極高的獨特市場，如果和英國最大的西裝製造商 Berwin & Berwin 相比（在中國擁有一個巨大廠房，做出來的西裝數量可以滿足全英國的需求），McLaren 只要銷售三百輛跑車，就能和 Berwin & Berwin 的全年營收等量齊觀。而 McLaren 總裁榮恩・丹尼斯（Ron Dennis）的目標，是將來要每年銷售四千輛跑車。

我們另一個拍攝的亮點是歐洲戰鬥機颱風（Eurofighter Typhoon），參訪行程由英國航太系統（BAE Systems）安排，他們一方面固然想透過攝影機來展示飛機的性能，另一方面也想藉機測設最近剛升級的機上裝置。公司的公關部門一再向我保證，BAE 公司內部擁有一萬七千名高技術且訓練有素的工程師，但當我戰戰兢兢地爬進機艙裡時，仍然不免擔憂。其實我大可不必，因為這架飛機簡直是完美無瑕的工業設計，飛行速度可以媲美協和式客機（Concorde），但又可以像小飛俠彼得・潘（Peter Pan）那般靈敏迅捷。因為它會帶給飛行員加速度的極高力道——G力（G-force）——飛行員必須穿上反G裝，以確保血液持續流到腦部。反G裝隨著力道的增強而充氣或放氣，壓緊全身以確保血液不會停止流通，我被載著飛上飛下，時而倒轉，時而側飛，加上全身不斷受到不同程度力道的擠壓，感覺上簡直像跳了一場空中芭蕾舞，兼且經驗了一趟粗暴的土耳其按摩。

颱風戰鬥機不是英國專屬的，而是由四個歐洲夥伴聯手合作，其中英國的股份比例較高而已。我會舉「颱風」為例，並不是要說英國應該（或不應該）多買幾架，而只是想指出，當我們集合各項資源時，我們確實有能力產製非常先進的東西。

MP4-12C 和颱風戰鬥機是其他許許多多英國參與製造的各種產品當中，在鏡頭前顯得最吸睛的實例，但本書的目的之一，是想要勸阻人們別再只從單一的製造面去評斷我們的所作所為。一樣物品的價值，並不在其重量或形狀，同時比起其他多數的先進經濟體而言，英國已經更懂得在製造業之外賺取生計。當然，我們可能又走得太過頭了，以致製造業的根基已變得太小，這是我們需要重新調整之處，但不見得就得開始反其道而行。

我的看法是，我們有很多理由慶賀自己的經濟成就，但沒有理由傲慢自大，可惜很多人對我們經濟實力的觀點，往往在兩極間擺盪，要不就垂頭喪氣，要不就沾沾自喜。我出生於一九六〇年代，青少年時期對一九七〇年代的新聞印象深刻，在我的成長記憶裡，感覺上那時大家好像覺得英國人什麼都幹不成，只會罷工。我們的工業不斷走下坡，備受劃清界線的苦惱；我們的汽車比不上日本車新潮，也比不上歐陸車堅固耐用。即使早在那個年頭，就已經很多人開始埋怨英國不再產製物品了。

但不知怎地，到一九九〇年代末期一切都變了，這是「英倫風采」（Cool Britannia）的時代，我們自以為找到了答案，不再缺乏自信，卻變得自命不凡，相信英國人既聰明又充滿創造力，盎格魯薩克遜經濟模式一定比萊茵河模式優越；德國和日本經濟開始呈遲緩跡象；歐陸好像尚未了解服務業（尤其是金融服務）的重要性，製造業已成夕陽工業，彈性經濟領先時尚……。孰料十年之後，歷經了銀行危機與服務業的蕭條，我們馬上又回到無所適從的狀態。顯而易見，我們的經濟需要從過度倚賴金融服務業的情況重新尋找平衡點，我們需要更多的外銷，於是我們忽然開始自問，我們究竟可以向國外銷售什麼？

這個問題並不只關乎我們的經濟命運；當我在上海世界博覽會場上漫步時，便不禁感受到商業活動與國家認同之間的微妙關聯。英國展覽館的設計，和法國、義大利採取截然不同的策略，跟我們自認可以帶給世人什麼，其實息息相關，儘管這可能並非世博會展覽館的職責所在，卻是本書的宗旨，因此它擴大了電視紀錄片的論述與採用資料，試圖去回答幾個根本問題：我們真的產製太少了嗎？我們真的聰明又有創造力嗎？我們可能以銷售無形的服務業為根基，打造出一個強大的貿易國度嗎？

在開始正式論述之前，我必須先說明本書的幾個不足之處。首先，本書不處理總體經濟的問題，所以我很少談英格蘭銀行（Bank of England）、利率、房價或每天新聞報導的經濟題材，倒不是因為我認為這些事情不重要，相反地，它們重要得很！因為英格蘭銀行與財政部的各項操作若不得當，人民就變窮了，但這些機構終究無法透過財務操作讓國家變得富有，只能在短期消費過低時，刺激一般大眾少儲蓄、多借貸，或者反過來，當消費過高時，鼓勵民眾多儲蓄、少貸款，也因此，當我們放大到幾十年來觀察的話，我們發現對經濟最重要的，並非需求面，而是供應面；這也就是說，重點在於我們製造、銷售些什麼，而非我們買些什麼的問題。因此本書把焦點放在長程的供應面上，討論我們製造什麼？為什麼？而不去探討我們把錢花在什麼地方。

不過把眼光放得太遠有個缺陷，因為對讀者來說，短程、即時的故事通常有趣得多，尤其如果你在看書的此刻，正逢通貨膨脹，或者經濟指數正不斷下跌當中，像我這樣論述長遠的趨勢，未免顯得無關痛癢。然而我只能說，長遠來看，短期的問題後來往往都不成問題，更何況短程的經濟評論，報章雜誌比比皆是，卻很少見針對長遠趨勢的深入分析，所以本書選擇了後者。

此外，本書不會討論道德與公平的問題。英國的經濟強項在國防、化學製藥、金融服務、石油和天然氣等方面，這些工業三不五時就會招致負面的報導與評論。無疑的，很多人可能寧可看見英國成為製造玩具熊、或者在清除地雷方面數一數二的國家，但本書只能根據現況就事論事，而不去對我們的主要外銷產業、領導廠商做道德上的批判。這方面的討論固然很有意義，畢竟不是本書的主題。

第三、本書也不涉及環境與天然資源。我在書中將會闡述我們如何富庶，我們的經濟生產力有多高，以及中國取代了我們那麼多製造業，為什麼卻仍然不會是我們的威脅等等。這些聽起來似乎都非常正面，只不過值得注意的是，我並未試圖去評估現代世界——尤其當中國的生活與消費達到西方水平之後——究竟有無足夠原料維持既定生活型態的問題。這個問題至關緊要，需要另做嚴謹、深入的分析，並非本書的篇幅所能處理。

最後，當問題過於模糊或複雜時，本書也將無法提供毫無懸念的解答。很遺憾的，許多最常被詢及的經濟問題，答案通常都很模稜兩可，因為經濟生活是灰色地帶，而非黑白分明。我知道採取極端的態度、激烈的觀點，會比較容易讓讀者興奮，所以報紙的專欄作家一般也都採取偏頗的立場，雄辯滔滔。但我撰寫本書的目的，卻是在尋找對英國經濟地位的平衡立論，不自我陶醉，也不過度焦慮，因為在充滿變數和挑戰的此刻，學習不低估我們所作所為的價值，且不高估我們相對於其他國家的技術和能力，才是當務之急。

第 I 部

英國的經濟地位

Where We Stand

1 英國的經濟有多好？

想一想你每天消耗多少東西。

你早上起床，把腳放在地毯上（有人要製造地毯）；你下樓（有人要建造樓梯），往水壺裡加水（託自來水公司與水壺製造商之福），然後撿起派報生丟在地上的報紙……。不需要多久，我們日常生活中所接觸物件的龐大數量就會開始讓你頭疼，想想看每樣東西的背後，我們的經濟體系需要多少運作，才能讓這些物件達到你的身邊，使你享受生活。

當然，你可能會說，一支水壺只要被製造一次，你就可以用上十年（表示平均下來你一天只消耗 1/3650 的水壺），但是別忘了！還有燒水壺的電力，把水壺從工廠載到商店的貨車司機，讓貨車可以加油的加油站跟石油公司，店裡把水壺賣給你的售貨員，甚至同一家店裡訓練售貨員把水壺賣給顧客的人事主任……等，也都是這整個過程的環節。

這樣去思索以後，我們不免要讚嘆，現代經濟體系簡直像是製造與組織上的奇蹟。如果你生活在二十一世紀的英國，你不僅比今天世上其他地方大多數的人都更富裕，也比一個世紀以前幾乎所有的人都富裕。有史以來在地球上生活過的人類約有一千億以上，但今天的你即使相對貧困，你的物質享受仍是這一千億人當中最富裕的前一％。

所以，英國的確很偉大，我們的經濟是個奇蹟。

但是在另一方面，我們也知道事情並非那麼不可思議，不過就是把我們勞動、巧思，以及（可能過多的）自然界原材料綜合後的成品送達我們手中。如果你覺得我們居然能夠消耗這麼多，是件令人驚奇的事，那麼同樣令人驚奇的，是我們居然也能「產出」這麼多。經濟學家花不少心力研究這個問題，並進而比較不同國家產出率的差異。在英國，我們平均每人每年產出價值約二萬英鎊（合新台幣約七十七萬六三四五元）的物件，但這個數字也包含非生產者，如兒童、退休人員，以及喪失能力者。所以如果只計算工作人口的話，那麼每人每年的平均產出值將會更高。

不過光看產出並不夠，也應該看我們在世界上的相對地位。經濟合作發展組織（The Organisation for Economic Cooperation and Development，簡稱 OECD）是位於巴黎的大型國際機構，其任務是擔任已開發國家政府的智庫，對各國收入的比較有最準確的估算。從 OECD 對七大工業國——即全球前七大已開發國家，簡稱 G7——在二〇一二年出版的報告中，英國的人均國內生產總值（GDP per capita）是全世界第四大（美國第一；加拿大第二；德國第三；法國第五；日本第六；義大利第七）。雖然收入並不代表一切，但是人均收入的國際排行榜，仍是了解一個國家相對經濟效益最好的評量表。

如果不看美國（因為其人均國內生產總值仍遠超出任何國家），其他六國的數字其實相當接近，如果再加入數據估算無可避免的誤差值，此一報告呈現出比較有趣的觀察視角，不在於每個國家之間的數字差距，而在於原來有這麼多國家處於類似的經濟狀態：奧地利、比利時、丹麥、芬蘭、法國、德國、義大利、荷蘭與西班牙，都在我們的人均產出值二十%以內。假設一般而言，我們的每年經濟成長率為二%，那麼這些國家之間的經濟發展，就約莫只有十年的差距——很宏觀地來看，這點差距根本微不足道。

美國的人均生產總值（四萬六五八八美元，約為新台幣一四七萬五〇六九元）遠超出歐洲各國（歐洲龍頭為德國，人均生產總值三萬七四一一美元，約為新台幣一一八萬四五〇七元），但如果我們參照其他數據，則將發現美國的工作時間也比較長。平均來說，美國人比法國人一年的工作時數多過十四%，比英國人多過八%，也就是說，在經濟選擇的菜單上，美國人選擇較高的收入，但較少可以享受的時間。易言之，我們其實也可以更富裕一點，如果我們工作更賣力一點的話，但是我們不見得會覺得生活得更好；選擇較少的物慾，較多的休閒，並不是什麼可恥的事。

工作時數是一大要點。你可能會詫異，英國人（平均每人每年工作一六四三小時）怎麼會比法國人（一五五四小時）跟德國人（一三九〇小時）都更認真工作到此地步，而且更惱人的是，他們平均每小時的產出值，竟然比我們都高（法國為五七・七美元，德國五三・六美元，英國四六・二美元）！我認為原因在於法、德兩國長期以來投資了比我們更多的資本設備，所以他們有比我們更多的工具可以做他們的工作。我對「工具」在此處的定義非常廣泛，例如核能發電廠、鐵路都是；法國兩者都有很多，德國則有不少設備良好的工廠。整體而言，在二〇〇八年，法國每個受僱人員的平均成本為五萬一千英鎊（合新台幣約一九八萬五四〇三元），德國五萬七千英鎊（合新台幣約二二一萬八九八〇元），英國四萬九千英鎊（合新台幣約一九〇萬七五四四元）。

或許我們可以如此解釋各項差異：過去這些年來，我們花了較少的投資在物質成本上，使我們有較多的金錢可以花在自己身上，但相對地，我們必須工作較長的時間，以便彌補我們擁有較少的機具可以幫我們從事生產。

所以，不同的國家都需要在生活水準、休閒時間，以及器械之間尋求平衡點，而在參酌各種經濟數據之後，我所得到的結論是：不同於坊間的俗見，英國絕非無可救藥的案例。我們毋須拿工業革命的往事、二次大戰勝利的故事，或者英國人在歷史上的偉大發明——從盤尼西林到汽墊船等——來增強自信，我們現在就已經很成功！但是我們也絕對沒有傲慢的資格，因為我們固然不是弱者，我們親密的對手也全不是。我們是菁英聯盟之一，但我們沒有理由認為自己是箇中的佼佼者。

你可能很好奇，和那些表面上看來更令人豔羨的經濟體相比，我們的整體生活水平怎麼可能和人家那麼接近？看看德國和日本，人家比我們製造那麼多的汽車；再看看法國，人家的火車又有多快！誠然，在酒吧的各種軼事閒談裡，這類零星而具體的經濟表現，往往才是我們眼中的「成功」。

不過本書必須超越閒談軼事的範疇，因為在深奧微妙的現代經濟裡，有太多枝枝節節以複雜的方式彼此糾結，你不能仰賴直覺或隨興觀察去推測我們在做什麼，以及這些事情對國家產出的重要性。

評估一個產業規模的正確方法，不是用肉眼去看它的大小，而是要用健全的數據測量它的產出價值。統計學家用毛附加值（gross value added，簡稱 GVA）的概念來製作這些數據。舉例來說，旅館業的 GVA 要算它的銷售價值——住宿幾夜——減去它買進物品的價值——早餐需要的雞蛋與培根等等。

GVA 最大的好處是可以避免重複計算任何產出。比方說，我們不應該把雞蛋與培根的銷售算成旅館業的產出，又同時算成農業界的產出，因為那些雞蛋只能計算一次，不應重複，這樣數據才正確。所以每一個產業都只計算它所附加的價值，而不算它買進的部分。GVA 是用這樣嚴格且一致的方式編纂起來的，所以我們可以信任用 GVA 來測量每一個產業在經濟裡的相對重要性。

無可諱言，數據不可能完美無缺，而且隔三差五地需要修正，但它們還是可以讓我們客觀地看到肉眼看不見的事實。舉例來說，英國每年製造超過一百萬輛汽車（比全球前十大只差一點兒），但我們的汽車銷售業，竟然比製造業在經濟上的貢獻超出更多。用 GVA 來計算汽車零售業的產出，我們必須拿汽車銷售的價值，減去所買進汽車的價值，因此只看這個產業賣車的附加價值，結果賣車的產出佔我們經濟的一．三％，但汽車製造業的產出只佔〇．八％。

事實上，對我們的整體經濟來說，汽車零售業的重要性不僅超過汽車製造業，也超過農業、森林和漁獵等產業的總和（〇．七％）。

你可能不太喜歡這個事實，因為你相信農業對我們的生活更有用處（這個看法不見得有錯），但是如果只看數據的話，這就是現狀，也可見如果要對一個國家的經濟表現做客觀的判斷，不能以個人的好惡為出發點，因為我們常會被主觀的感情與偏見所蒙蔽。

國家統計局（Office for National Statistics）每隔幾年都會編纂出一份各個產業 GVA 的詳細統計表，從這個表格裡，我們可以知道國家究竟有多少不同的產業，為節省篇幅，我在此只列出我們經濟裡的十個小產業為例：

穀物製造業：〇．〇九%
橡膠製造業：〇．一〇%
醫療設備與整形器材製造業：〇．一三%
油漆、指甲油、印刷油墨、黏膠劑製造業：〇．一一%
水槽、水庫、散熱器、熱水器、蒸汽機製造業：〇．〇八%
餐具及一般工具製造業：〇．一一%
麵包糕餅製造業：〇．一二%
市場研究和意見調查業：〇．一二%
新聞機構相關活動：〇．一二%
核燃料處理業：〇．〇七%

這十個產業的總和，約佔英國生產值的一%（英國一年的生產總值為一五〇萬兆英鎊，合新台幣約五八三九萬兆元），但你可能從沒想到過它們的存在。

現代經濟便是形形色色小產業貢獻的總和，在一個大型的經濟體裡，有些我們認為非常重要的工業，你可能會很驚訝地發現，其實它們所佔的比例並不像你以為的那麼一柱擎天。例如德國的汽車工業，一般人都知道是極具代表性的產業，但它只佔德國經濟的三％或四％。如果把德國汽車工業的規模削減到英國的水平，而且不找其他產業替代的話，德國的生活水準當然會下降，但德國人整體的生活品質還是會非常舒適。

這並不表示，倘若有朝一日德國真的失去了汽車工業，不會在他們的社會製造持續多年的深遠裂痕，但是就國家經濟而言，三．五％就是三．五％而已。法國的火車製造業也差不多，僅佔法國經濟不到一％的產出，跟英國不相上下。

其實，現代經濟的很多工作都還是在傳統產業上面，例如在英國，批發零售業佔國家產出的十一％，營造業佔七％，醫護服務與教育業合佔十四％。從比較經濟的角度來看，這幾個產業對我們始終都是最重要的，也因此，在某些表面上似乎很搶眼的產業上，你可能覺得我們明顯不如人，例如拿英國的汽車業跟德國相比，我們真的相形見絀，可是一旦當我們把所有的產業都放進來考量之後，你才赫然發現，英國的整體經濟產出與生活水準，原來是能夠跟世界上最優秀的幾個經濟體互爭雄長的。

所以，各種差別都只是細節而已。稍早我曾提到我們消耗了許多東西，也談過我們產製了什麼物品，於是接下來便該把這兩件事情連結起來，探討我們的進口與出口。

我們不可能產製所有需要的用品，所以我們必須進口部分貨物；同樣地，我們可能生產超過所需的數量，所以我們也必須出口那些產品。十年前，英國約莫出口三〇%產製的物資，並以將近三二%的國家歲收來購買進口商品。這兩個數字之間的差距，便是所謂的貿易順逆差。

了解貿易赤字很重要，它代表我們向國外買進的東西，超過了我們賣出貨品的價值，我們也可將之視為國家產出及消耗之間的差距。如果我們能夠生產比自己所需更多的價值，便可轉成外銷賺取外匯；但如果我們所產製的不敷國內需求，就必須向國外進口，於是造成虧損。上述當然是極簡略的說法，粗糙地解釋了投資與資金流通的問題，目的只是想幫助讀者大致掌握貿易的基本原則。

國際貿易順逆差有較為寬廣的衡量機制，會在進出口的數字差距間，加入很多其他的考量。比方說，我們在國外投資所賺的錢，可以當成「信用」來使用。事實上，英國人是很好的顧客，通常買的比賣的多，長年處於逆差的狀態，跟其他盎格魯薩克遜國度（如美國與加拿大）表現類似，可謂相當典型。

因此值得一問的是：貿易逆差到了什麼程度，會開始變成問題？它是警告我們國家經濟出錯的信號嗎？我們應將之解讀為這個世界已經不再喜歡我們製造的商品，抑或我們已經失去銷售能力了嗎？我們對貿易逆差應該要有多大的焦慮感？

幾十年前，經濟新聞曾對每月貿易順逆差的數字非常在意，儘管這些數字的起伏反覆無常，比方說，如果英國航空公司買了一架飛機，那個月的進口值就會突然飆得很高，甚至對選舉結果產生重大的影響。但我們現在卻已近乎漠不關心，一方面是因為歐盟市場整合之後，我們的貿易數字報導變成只剩下兩個欄目——即歐盟地區與非歐盟區——於是報紙相關版面逐漸縮小，到後來索性整個取消；二方面是因為這些數字往往南轅北轍，解釋起來過於複雜。

不過最主要的理由，在於新的經濟觀點並不認為進出口的數字差距很重要，雖然仍有兩派相反的意見，對貿易逆差究竟代表一個國家經濟的成功或失敗，看法並不一致。

比較傳統的觀點，將避免貿易赤字當成目標，認為一個國家要能大量外銷才算得上成功，好比一個公司要有眾多顧客才算得上優秀的企業。這個觀點是以金錢流動的方向為基礎而建立，當一個國家對外銷售時就賺取外匯，當它進口商品時也是以外匯購買，所以當你的外銷量小於進口量時，遲早將會把外匯耗盡，終於到了無法再對外購買的地步——這簡直是國家的恥辱，必須竭盡所能防止它發生。

然而到了一九八〇年代，另一派看法日益盛行——暫且稱之為「新」觀點，以做區分——支持者認為，我們不應以對外銷售做為衡量國家成功與否的指標，因為貿易順逆差，完全不受一個國家產品品質及銷售能力左右，而是取決於一個國家的人民在當下傾向貸款或存款的經濟氛圍。

新觀點對貿易赤字的解讀與常識背道而馳，因此有必要進一步解釋，才能了解為什麼根據這個邏輯，貿易逆差可能並不如一般人所想像的那麼至關緊要。

首先試想我們當中沒有人想借錢，也沒有人想存錢，我們全都生產多少就消耗多少，這時將沒有所謂「剩餘」或「不足」的產品，也沒有所謂多餘的進口或出口，兩者達到平衡。接著試想，我們當中恰好有一半的人想貸款，另一半的人想出借，這時經濟也將維持平衡狀態，因為想貸款的和想出借的正好互通有無。而做為一個國家，我們也是試圖在消費與產出之間尋找平衡點，儘管在同一個國家裡面，有人消費多於產出，有人產出多於消費。那麼現在再試想，如果我們大多數的人都想貸款呢？也就是說，整體消費多於產出的時候。

在這個情況下，借貸者無法從國內的出借者那兒獲得他們想要的所有物品，只能向別處尋求，於是把他們帶到了世界的其他角落。借貸者的消費多於他們的生產，意味著他們的進口大於外銷，而因為他們佔國內人口的大多數，於是借貸者就決定了我們的經濟動向，國家整體借貸得多，導致貿易逆差。當我們的經濟氛圍傾向貸款時，我們的消費大於產出，於是吸引了大量進口；當我們傾向存款時，我們的消費低於生產，因此有多餘的外銷，造成貿易順差。換句話說，新觀點認為貿易順逆差取決於我們傾向貸款或存款的決定，不代表國家的銷售能力。

新舊觀點各成邏輯，它們的差異可能不是對錯的問題，而在於偏重的視角，好比精神科醫師和心理學家在面對問題兒童時，前者會從治療病人腦部的化學失衡著手，後者則可能會去探索兒童與父母的親子關係。就貿易來說，舊觀點將貿易赤字當成世界經濟競爭下的問題來面對，新觀點則將之視為存放款決定所導致的現象，與貿易的效率無關。

讀者不妨捫心自問，兩派觀點中你較支持哪一派。當我還在擔任 BBC 經濟新聞特派員的時候，我經常收到觀眾的來信（通常比我年長），質問我為什麼新聞播報裡，不多加注意貿易赤字的問題。這表示他們採取舊派的觀點，而我猜想，或許一般人多有雷同的傾向，跟多數的經濟專家恰好相反。我必須承認，我個人的看法也是新多於舊，我認為不應該把貿易赤字視為國家缺乏競爭力的指標。

讓我打個小比方做為佐證。試想我們拿一個揮霍的足球明星與節儉的清道夫相比：清道夫很認真存錢，賺的比花的錢多，所以他的帳本餘額可以稱之為個人的貿易順差；反過來，足球明星生活奢華，入不敷出，他的帳目赤字就變成了個人的貿易逆差。但是如果我們綜合來看兩個人的物質享受，我們就會發現，過分專注於數字上的順差或逆差，意義不是很大，因為逆差的足球明星顯然比順差的清道夫富裕很多。

如果將上述比喻放大到十億倍，我們便得到了中國與英國的對照。中國很謹慎，將國家歲收相當大的比例存放起來，製造了很高的貿易順差指數；英國政府較不謹慎，累積了可觀的貿易逆差。但是以目前的經濟狀況來說，英國還是比較成功，因其國民的平均收入比中國百姓多了六倍。

我反對用舊觀點看待貿易赤字還有另外一個理由，因為舊觀點很容易導致一種悲觀的論調，以為我們有朝一日將會產出歸零。當貿易數字惡化的時候——無可或免，逆境總會時而出現——舊觀點可能會使你憂心忡忡，害怕我們將越來越倚賴國外產品，我們自己的生產力則越降越低。畢竟我們曾經親眼目睹，英國利蘭公司（British Leyland）從一九六〇年代全球數一數二的大型汽車製造廠，不斷縮水到一九九〇年代，成為只生產路華（Rover）汽車的小公司，到最後甚至關門大吉，煙消雲散。如果英國利蘭公司面臨過這樣的命運，難道悲劇就不可能發生在英國的身上嗎？

我相信不會，至少有一個簡單的理由：把貨物賣給我們的國家，會需要我們付錢給他們，而為了付款，我們需要賺取外匯，而要賺取外匯，我們就一定得外銷某些東西。舉例來說，雖然中國取代了我們所有廉價製造業的工作，卻不太可能也取代我們所有的高價製造機會，為什麼呢？因為早在走到這一步之前，我們就已經負擔不起繼續向中國進口物品了，這使貿易逆差產生一個自然的上限。

新觀點的好處，是它知道問題到了某一個程度之後，自然會有解決之道。如果我們把貿易赤字想成貸款，赤字的上限就好比你所能貸款額度的上限，如果我們借貸太多，超越了某個界線，國外自然會停止繼續貸款給我們，那時貿易逆差的狀況就會開始獲得改善。

上述討論，旨在凸顯我們不應將貿易的順逆差當成政策目標，貿易數字不應被拿來做為衡量國家生產力的指標，也不應被當成決定誰是首相的依據。

然而我們也必須注意，新觀點雖然將貿易赤字與競爭力做了切割，並不表示我們的存款與貸款之間完全沒有問題。揮霍的足球明星雖然比低收入但省吃儉用的清道夫富裕，卻不意味著足球明星就可以高枕無憂，比方說，他可能存款太少，對未來步入老年毫無規劃。新觀點的論述不是在否認赤字，對貿易逆差完全睜一隻眼閉一隻眼，而是認為要從國家存款的習慣去尋找問題的癥結：如果我們存款太少，赤字就會變高。換句話說，赤字是問題的徵兆，而非問題本身。

這些討論將我們帶到下一個思考點：英國的貿易表現究竟如何？數字不斷上下變動是很正常的事，但如果我們始終處於消費大於產出的狀態，我們便應追蹤背後的潛在問題，就像一個人如果長期入不敷出的話，那麼他／她也必須深入檢討一樣。因此接下來，我想談談我們收入與產製的差異所在。

過去三十多年來，英國的支出赤字平均在國家收入的一・五%左右。一直到一九七〇年代初以前，我們的收支平衡總在盈餘和虧損之間上下擺盪，一九八〇年代中期突然急遽下探到負數領域，從此以後即不脫虧損範疇，雖然曲線仍繼續擺盪，卻只是從負數變成更低的負數而已。

平均而言，你可以概括做如是想：我們每賺一萬英鎊，就消費一萬零一百五十英鎊，由國外提供我們所需的額外一百五十英鎊。

每一個國家從世界獲取多少，就要回饋多少，不可能無止盡地消耗自己不產出的東西。這也就是說，一個國家所賺取的跟消費的終歸要達到平衡，因此英國半永久性的虧損狀態不免令人疑慮。

我說「疑慮」，因為我還不想草率定論，或許英國的長期借貸有很好的理由，比方說，我們之所以借錢，可能不見得因為我們是購物狂，而是為了投資將來。換句話說，也許英國公司大舉進口，是為了要蓋新工廠；英國學生向銀行貸款，是為了提升自己的教育籌碼，以期大學畢業之後能有更高的生產力和競爭力。如果是在這樣的狀況下，那麼我們現在多進口，其實是為了將來可以多出口。另外，我們理性地貸款，也有可能是為了度過人生的不同難關，例如年輕人在買第一棟房子的階段，通常需要借貸較多，但在慢慢走向退休的過程中，存款也會不斷增加。因此一個國家人口分布的情況，往往也會決定貸款或儲蓄的傾向。

我私下當然希望，我們的貿易逆差是國人理性貸款決定的集體反映，只不過正如我在第六章將會述及的，我覺得證據很難說服自己。造成二〇〇七至二〇〇八年金融風暴的經濟循環，呈現出當時從一般家庭到銀行機構，集體在借貸與出借額度上所做出的一連串錯誤決定，我至今都仍懷疑，我們是否儲存有適當額度的款項。

同樣地，我也希望能夠相信，持續不斷的財政赤字，只是數據在作怪，不是真的。這倒也不是不可能，因為英國在世界各地有許多不同的資產；很多人在海外擁有度假別墅，或者購買了外國公司的股份。隨著這些投資的成長，我們也會變得更富裕，但因為海外投資是在統計學家的雷達之外，因此這些財富沒有被計算進去也不一定。倘若實情如此，那麼赤字的問題就不存在，因為我們以為可能無法長久持續的生活型態，其實是可以持續下去的。

但若仔細分析各項數據的話，其實也會覺得難以樂觀。統計學家雖然無法掌握所有的數字，但已抓到絕大部分。多年來，我們確實在海外存放了大量財富，但外國人士也一樣在英國累積了可觀的資產；我們欠下龐大的債務，雖然別人也欠了我們。而且很顯然地，最近兩年來，我們的相對經濟地位開始下滑，而非上升。這些趨勢並不能令人感到安慰。

最後，我還希望自己可以很不在意地說，那一．五%的長期超支微不足道，毋須煩惱，因為我們至少還有九八．五%的收入可以拿來消費。聽起來彷彿很合理？

誠然，或許一．五%聽起來沒什麼，但我這樣說吧：如果我們想要自己產出這一．五%的話，我們必須建造一個比我們現在擁有的化學製藥及航空工業相加起來更龐大的產業，才能夠達成目標。這樣一想，這個數字就出現了不同的意義和感受。

我擔心赤字是某種問題的徵兆。我並不覺得慌亂，但不能否認，當我看到外銷上升、進口下降時，還是忍不住歡喜。自從金融海嘯爆發過後，兩件事情已經變得很明顯：我們借得太多，存得太少，必須重新調整收支平衡。這也就是說，相較於我們希望達成的經濟目標，我們出口得太少，進口得太多，必須重新分配資源，將國內的消費導向製造可以銷售到全球的產品上去。

我們不必徹底自我改造，但我們需要更新，我們需要有更多一點兒的「英國製造」。

2 我們如何抵達此處？

一九八五年八月十二日，日本航空一二三航班從東京國際機場起飛，前往大阪。時逢盂蘭節前夕，乃日本人傳統的返鄉時程，難怪這架波音七四七班機座無虛席，共有五〇九名乘客，以及十五位機組人員。

然而一二三航班卻從未抵達預訂目的地，起飛十二分鐘之後，當它飛過相模灣的上空時，機身尾部發生急速失壓，乘客報告機艙內出現白色煙霧，這是機外空氣進入機體所造成。當氧氣面罩自動落下時，機上每個人都心知肚明，恐怕凶多吉少。

機長高浜雅己是已有二十年豐富經驗的飛行員，剛從國際航線調回國內航線，以便培訓新手。當駕駛員座艙面板顯示，後機門損壞而導致失壓現象時，他呼叫東京基地請求緊急降落，無奈狀況比他想像的更糟，高浜和機組人員都不知道，原來機尾已從飛機後面整個撕裂，加上液壓系統徹底報廢，他們根本已無力控制飛機的方向。

根據事後的調查，原來這架飛機曾在七年前發生意外，由於下降時角度不對，擦傷了機尾，導致飛機後面的隔風牆受損。不知什麼緣故，修理工作顯然不夠完善，替換的鉚釘自動脫落是遲早的事。

在機艙失壓後的幾分鐘之內，駕駛員座艙向東京控制台的呼叫變得越來越頻繁，重複使用一個字眼：「失控」。高浜機長高超的飛行技術在此展現無遺，因為在這樣的情況下，他仍盡其所能地延長穩住飛機的時間，讓機體上升然後墜落達半個小時之久，最後撞上了御巢鷹山，是距離東京一百公里外人跡罕至之處。機上全體五二四人當中，只有四名旅客生還，是飛航史上單架飛機傷亡最慘重的事故。

航班一二三的故事令我動容，有兩個原因：因為高浜機長讓飛機滑行了相當長的時間，有些乘客——在知道大勢已去的情況下——有機會跟家人寫了訣別信；其次，駕駛員座艙的錄音器顯示，正副機長如何英勇地利用引擎推力控制飛機，那是他們唯一所剩的選擇，但最後依然無效，因為飛機已經完全失控，進入了所謂的長週期起伏振動，亦即改變速度和海拔高度的自然循環。當一大片機尾墜落海中的一刻，掌握機上人員命運的已成了物理定律，而不再是飛行員。

我常會想到那幾位勇敢的駕駛員們。通常我們總認為，一定有什麼可以做的，讓我們能夠掌握自己的命運，這是人類的天性，只不過有時我們卻處在自然界的憐憫之下，全然超乎我們的控制。在生活中的各個層面上，我們也需要學習辨別，哪些事情在特定的情況下幾乎是無法避免的，但哪些不是。

我會提起這個故事，是因為駕駛員們的努力，給了我關於英國經濟相當好的比喻。我們希望有能力完全掌握經濟活動，而各種首相與財務大臣的公開演說，也都一再加強此一信念。但正如高浜機長豐富的經驗與嫻熟的技術仍舊敵不過自然界的力量一般，即使是經驗最老道的政治家與經濟專家，也無法如他們所宣稱的可以永遠站在主導地位。

不過大部分人好像都寧願相信，事情背後一定有人為的操作。例如我最近和一位工業歷史博物館的員工交談，他很感嘆我們失去了過去的榮光，讓產業出走到別的國家去。冥冥中，他彷彿以為我們的經濟就像一架飛機，可以任由駕駛員在機艙操作，可惜我們的駕駛員技術很糟，讓英國這個工業大國偏離了航道。

這種想法很普遍，有時我們可能覺得經濟走錯路了，或走對路了，但很少人能夠接受，英國的經濟其實就是在各種條件下自然表現出來的經濟行為。當我們看到經濟進步時，多認為這是人類憑意志力努力的結果，很容易根據個人的偏見或信念，為我們的表現尋找合理的解釋，於是我們或者相信自己比別人優秀（因而獲得成功），或者認為我們有特別的缺點（因而解釋了我們的失敗）。很少人願意相信，我們的經濟表現和我們是怎樣的人或國家之間，其實並非息息相關。

我了解為什麼我們傾向認為自己擁有主導權的吸引力，但這個想法誇大了我們所扮演的角色。沒錯，我們經濟的某些面向是由我們的決定來形塑，但有些面向卻是操之於我們所面臨的條件之下，難以抗拒的外力。或許應該這麼說，我們的經濟是兩件事情的混合體：其一是我們做為一個國家的特殊之處，其二則是我們的平凡之處。我們的特殊之處在於，我們比許多其他國家先達到了某些成就，並且累積了很多嚴重的錯誤與失敗經驗；與此同時，我們其實也非常平凡，如果其他正常運作的經濟體面對了跟我們相同的處境，他們的經濟軌道很可能也會跟我們差不多。

所以，在我們進一步討論英國當前的經濟與產出之前——製造業、智慧財產相關行業、服務業——應該先檢視一下我們的工業歷史，看看英國是怎麼走到今天這一步的？我們也可藉機思考，工業歷史博物館那位先生的想法對不對？造成傳統工業的興起與衰落，其背後動力究竟何在？什麼是偉大？什麼是運氣？還有什麼是無法避免的結果？

現代英國經濟的故事起源於一項發明：工廠的誕生。這是從十八世紀中葉到十九世紀中期，對英國經濟最重大的改變，此一改變不僅對英國，也對後來的世界經濟產生巨大的影響，即工業革命（Industrial Revolution）。從舊經濟轉型到現代製造業初期階段，最具代表性的產業乃紡織業，堪稱英國經濟的轉捩點，其戲劇化的快速成長帶動了工業革命起飛，也徹底而永遠地改變了現代人的工作模式。

工業革命的歷史經常被當成各種新發明的故事來述說，例如蒸汽機與煤的提煉等。你或許仍記得學校裡的歷史課本，曾提過許多改造了紡織工業的機器：一七六四年，來自北英格蘭蘭開夏（Lancashire）的紡織工人兼木匠詹姆士．哈格里夫斯（James Hargreaves），發明了珍妮紡紗機（spinning jenny），讓紡織車走上了機械化。當時很多紡織工人擔心會失去工作，對哈格里夫斯非常敵視，攻擊他的住處，迫使他離開家鄉，但到了一七八〇年時，已有兩萬台他所發明的紡紗機在全英國各地使用。

另一個跳躍式的進展來自理查．亞克萊特（Richard Arkwright），曾是理髮師兼假髮工人，也是蘭開夏人。哈格里夫斯的發明加快了在家中手紡紗的效率，而亞克萊特的水力紡紗機（water frame），則開始走上工業化的規模。他發現，棉花抽絲的方法不但很慢，而且需要密集的人力，因此他的目標是要將整個紡織的過程機械化。第一輛水力紡紗機建於一七六九年，只有四個紡錘，但亞克萊特發明的水力紡紗機擴大到九十六個紡錘，只需一個工人即可操作。

一七七一年，亞克萊特借錢建造了第一座水車磨坊，到了一七七九年，山姆．克羅姆普頓（Samuel Crompton）更開始用驢子取代人工，由於驢子沒有專利權的保護，這個方法很快被普遍仿效。

珍妮紡紗機、水力紡紗機和驢子的使用，大幅改造了棉紗製造的過程，但第四個發明更是影響深遠，也就是工廠的出現。機械的發明加快了棉紗製造的流程與效率，但擺放機器需要空間，流通原料需要協調，發電和電力輸送需要安排，於是發明了分工合作的模式以及工作時間表。

以今觀之，這些事情都屬稀鬆平常，然而在十八世紀卻是革命性的概念。亞克萊特發明的水力紡紗機固然是技術創新，但他所建造起來安置這個機器的建築，更是對今人影響恆久的貢獻，因此他在達文特山谷（Derwent Valley）建造第一座水車磨坊的遺址，已被聯合國教科文組織認定為世界遺產（UNESCO World Heritage）。

亞克萊特會選擇這個地方有多重因素，其中最重要的考量是地理環境：現成的供水是水力紡紗機所需的電力來源；狹窄的山谷是建築水壩的好所在，既可蓄水，又能製造強大的水流；加上位置偏遠，把工廠蓋在這裡，可以遠離那些憤怒的紡織工人，因為他們害怕失去飯碗，很可能會攻擊、破壞機器。最後一個選擇此地的重要理由，在於達比夏（Derbyshire）這個地區有眾多尚未開發的人力資源，當地的男性幾乎都在鉛礦場工作，留下許多女人和小孩，他們靈活的手指最適合紡織，而且工資低廉。

亞克萊特在一七七一年建造第一座磨坊的時候，投資合夥人是襪商杰德代亞・史特崔特（Jedediah Strutt）。亞克萊特機器製作出來的棉紗，特別適合史特崔特用來做絲襪，因此短短幾年間，史特崔特也在附近建造了自己的磨坊，結果小小的達文特山谷，不多久就有了自己的工廠生產線——包括亞克萊特的三家，以及史特崔特的兩家——達文特溪也成了全歐洲工作最賣力的河流。

如果說達文特山谷是工廠的發源地，那麼真正受惠的地區則是蘭開夏。當蒸汽引擎取代了水車之後，機械化的紡織廠很快成倍數增加，而英格蘭西北部佔盡了地利之便：潮濕的北乃恩山脈（Pennine）空氣讓棉花纖維聚集在一起，所以機器不需大力擠壓（比起乾燥的棉花，降低了一〇%的製造成本）；土地相對便宜，附近有煤礦，水質又軟——有助於漂白、染色和印花——加上利物浦（Liverpool）港口不遠，無論輸入棉花原料或輸出完成的紡織成品都非常理想。這一切條件為蘭開夏地區帶來了巨大的財富與發展——工程技術幾乎都集中此地，開闢了利物浦—曼徹斯特鐵路（Liverpool & Manchester Railway），以及曼徹斯特航船運河（Manchester Ship Canal）。此外，當地人口快速成長，除了大批湧入工廠謀職的勞工之外，也來了很多相關的專業人士，例如工程師、建築師、銀行家，以及資本家等等。

紡織工業快速繁榮，到了一八〇三年，已經取代了羊毛，成為英國出口的最大宗，且持續到第二次世界大戰爆發之前。一八三〇年時，毛線和棉織品佔全英國外銷收入的一半以上，僱用了四十二萬五千名勞工，佔所有製造業的十六%，貢獻了八%的國內生產總值；一八八〇年代稍微下降，但仍佔全國外銷收入的三分之一，甚至到第一次世界大戰初期也仍有四分之一，至於生產量的最巔峰，則是在一九一二年，產製了七百三十萬公尺的布匹。

然而，如果十九世紀見證了英國紡織業驚人的興盛與成功，那麼二十世紀述說的卻是一個日漸式微的故事。紡織業是個技術相對簡單的工業，所需成本也不算特別昂貴，非常適合發展中國家模仿，使他們的經濟也能享受像英國過去所曾經歷過的成長衝刺。同時英國紡織業本身有一個問題：從前在大英帝國時代，廣大的殖民地都是英國現成的市場，但進入二十世紀之後，帝國不再，市場快速消失，而紡織業者長期以來過度仰賴既定市場，不知不覺間已喪失了競爭力。

Courtaulds 在一九八〇年代之前，曾是全英國第三大的紡織工廠，僱用了八萬名員工，但今天的規模縮小到只剩下一兩百人，怎麼會走到這步田地？長話短說，正當國外紡織公司開始複製、進而改善英國模式的同時，Courtaulds 經年累月的沉痾，也正是影響了英國紡織業由盛轉衰的縮影。

Courtaulds 最大的買家是連鎖時裝兼百貨業者 Marks & Spencer（簡稱 M&S），而 M&S 有堅持購買英國貨的政策。Courtaulds 和 M&S 長期而穩定的商業往來，使兩者間產生了緊密但弔詭的依存關係，隨著市場競爭日益激烈，Courtaulds 當然知道若能移到國外使用較便宜的設備生產，將能降低成本，但他們也知道，自己的主要顧客不會接受改變現狀，於是形成了惡性循環：Courtaulds 的生意越走下坡，就越倚賴 M&S 的訂單；但越仰仗 M&S，Courtaulds 的經營也就更每況愈下。

這種兩相其害的經濟模式終究不可能永遠維持下去。一九八〇年代，英國的時裝業急速發展，許多相對年輕的批發銷售業者進入市場，例如 Next 和 Topshop，帶給 M&S 巨大的競爭壓力。新商店追隨時裝業不斷求新求變的流行趨勢，大量採用廉價的國外進口商品，在這個一步步邁向全球化的現代經濟裡，M&S 堅持銷售英國貨的政策明顯過時，畢竟消費者更看重的是價格而非原產地。於是 M&S 終於了解，為了求生存，必須改弦易轍，開始到國外批貨，中止了與英國廠商的合作關係。對於像 Courtaulds 這樣的紡織公司來說，M&S 的決定對他們簡直具有毀滅性的效果，彷彿失去了最後一線生機，導致 Courtaulds ——乃至英國紡織業——一落千丈。

紡織業消失造成大量失業，令人痛心疾首，正如先前提過，Courtaulds 曾有八萬名員工，到如今僅以百計。不過這個事實固然慘痛，我卻必須指出，它正是「不操之在我」的例子，並非我們的過錯。在面對來自其他國家激烈的競爭之下，無論我們如何努力工作，或如何兢兢業業地經營公司，英國都不可能長久維持一個大眾市場的紡織工業。雖然M&S堅持購買英國貨，企圖挽救本土產業，但大勢所趨，終歸功虧一簣。

英國紡織製造業衰退的故事，跟其他許多經濟的觀察一樣，多半是各種重大外力（big forces）造就的結果，而非個人的決定所能左右，例如農業經濟重要性的減縮、製造業的擴張、服務經濟的抬頭等等。我們的經濟隨著各項環境與條件的變遷，自然走上了現在的道路，並非特別奇怪的事。

那麼這些「重大外力」是什麼呢？我認為絕大多數合理運作的經濟，都會根據三個基本原則決定走向，雖然國家可以（有些國家確實也會）逆勢操作，並在某些時候獲得成功，但長遠來看，這三大原則仍屹立不搖。

第一、興盛的國家會把經濟建立在他們擁有的豐富資源上。沙烏地阿拉伯之所以會出口石油，其來有自：因為除了石油，他們並沒有其他天然資源。如果他們立志成為出產花椰菜的大國，那才不可思議。同樣地，中國大陸會成為廉價商品的外銷大國，也有很好的理由，因為他們擁有龐大的非技術勞工可以從事製造生產；法國的氣候和鄉村，提供了葡萄園與釀酒的極佳條件；佩魯賈（Perugia）的肥沃黏土以及阿瑪菲海岸（Amalfi Coast）的火山泥，也孕育了義大利陶瓷業的誕生。

換句話說，經濟發展最好的方式，應該要從現狀出發，而非從希望達成的未來著手。或許某些國家偶爾也會嚮往尚未具備的資源，例如大批高學歷的工程師，或者世界級的金融服務中心，諸如此類。但如果他們沒有這些條件，刻意假裝有，並不會為他們帶來成功。

有時候，國家當然可以創造他們所缺乏的資源，例如訓練高學歷的工程師，或者製造誘因吸引銀行群聚成一個新的金融特區等。在某些情況下，這些手段可以奏效，但如果一個產業的一切條件都必須從零開始，欲使夢想一蹴可幾，簡直難如登天，尤其如果許多其他國家也都已經在做同樣事情的話。近年來，我們看到阿拉伯聯合大公國裡的幾個酋長國，企圖在石油之外發展經濟，不只大批進口勞工，並展開超大型的工程建設計畫。他們的努力是否成功，仍有待未來持續觀察，但無疑地，他們為此需要投注極為龐大的財力，而永遠無人知曉，若將這些金錢投資在不同地方的話，是否將能為國家社會帶來更好的成效。

第二、正常運作的國家，通常會把資源用在就其所知最高價值的活動上。如果你的勞動人口有能力從事紡織業或化學製藥，那麼從事化學製藥會是較佳選擇，因為很多人能夠紡織，但只有相對少數的人懂得化學製藥，所以後者的報酬高出甚多。這解釋了為什麼英國不像中國那樣外銷眾多成品：雖然我們的人力資源也可以製造廉價電器產品或玩具，但我們還有其他價值更高的選項。

除非有異常的誘因，否則國家經濟通常都會朝高價值產業的方向發展，因為無論一般勞工、公司行號或投資人，都會自然追求較高的報酬與利潤。

這個原則有其重要意涵。當我們看見其他國家在某些方面表現特別突出時，往往會感到豔羨，期盼自己也能：「德國人外銷機具賺了好多外匯，我們國家是否也該發展機具製造業呢？」答案可能是否定的。正因為德國已經發展出了成功的機具工業，我們民間的很多公司才會決定不去碰觸這個已被攻佔的市場，轉而追求其他領域。

上述兩大原則，理論上應該已能解釋許多國家貿易的模式：我們會對國外銷售已經完成布署、製造的產品，而會進口我們自己並不擅於製造的物件。但值得一提的是，在經濟工具箱裡，有一個很重要的概念是「相對優勢（comparative advantage）」，也就是說，一個國家會盡力追求貿易上的最大利潤，也會在報酬率最大的經濟活動裡精益求精。然而在實際操作上，這並不表示一個國家一定會去追求他們最游刃有餘的事物，而可能選擇從事和其他國家相較起來最不遜色的活動。

舉例來說，美國可以向全球銷售民航機，也可以把資源用來製造T恤。以美國的國力來說，應該有能力成為全世界產製T恤效率最高的國家，但只要製造民航機比製造T恤賺錢，美國就會專心於民航機的產製上，而把T恤的生產留給墨西哥，因此在這個例子裡，我們便可以說，墨西哥比美國有製造T恤的「相對優勢」，儘管在製造T恤這件事情上，只要美國願意，其實可以做得比墨西哥更好。

這個概念使我們理解，為什麼有些國家表面上看起來好像各方面都不強，貿易卻非常成功，因為只要能在某些事情上不比其他的國家差，便能專心追求具有相對優勢領域中的利潤最大者，而把利潤較小的活動讓給其他國家，達到雙贏的局面。

第三個原則，成功的國家經濟是具有彈性的，會隨著環境變遷而因應。一個產業在某個時代可能非常興盛，極為賺錢，但時代變了即隨之沒落，正如英國的紡織業。

經濟相對成功的國家通常較具創意，也比較不會過於長久地緊抓著過去不放。事實上，他們比較懂得順勢而起，因為他們能夠研發新的事物，為自己創造高利潤的稀有地位；當別的國家開始跟進之後，利潤下滑，於是他們也開始轉移目標，準備下一個新發明。這應當也是三者之中最重要的原則。

從英國做為一個工業國的歷史回顧中，我們看到了上述三大原則的運作，而其他成功的已開發經濟體，演化之路也可謂大同小異。不過在英國過去成功——以及後來某些失敗——的經驗裡，也有一些是屬於英國獨特的發展。

以紡織業而言，證明了英國經濟乃是隨著市場經濟原則而自然發展的典型，但我們也不應忽略，當時英國獨有的特殊條件，推動了工業化的腳步。在十八世紀中葉，與世界相比，英國的紡織工業規模尚小，跟法國差不多，令人望其項背的是孟加拉，生產的紡織品是當時英、法的二十八倍以上。

那麼，為什麼工業革命會發生在英國而非其他國家呢？原因之一，是簡單的經濟供需原理。在早期的全球經濟裡，英國的興盛導致了相對高的工資，於是昂貴的勞動力加上廉價的能源，造成了對技術的「需求」：如果相對高價的工資可以被相對低價的能源所取代，生產成本即可大幅降低。在此情況下，昂貴的工資成為創新產品的動力，因為只要能夠找到恰當的技術，以合理價位生產消費品的話，潛在的大眾市場相當可觀。於是這也連帶產生了「提供」技術的效應：比起其他國家來，英國人民變得更樂於投資教育，結果相對高的讀寫與算術素養，使當時的英國社會有更多創新發明的能力。

第二個因素是科學革命與啟蒙運動。科學知識的發展，對技術的開發具有關鍵性的作用，而十八世紀的英國求知若渴：科學演說備受歡迎；知識份子如牛頓（Newton）之流，寫出來的著作很快就能成為暢銷書，廣泛流傳；更重要的是社會團體與知識機構的成立，如皇家學院（Royal Institution）與新月協會（Lunar Society）等，旨在討論新觀念、新點子。

觀念的傳遞至關緊要，因為工業革命的貢獻之一，在於幾個重要推手的背景。數據顯示，在七十九位工業革命頂尖的發明家裡，十二％來自貴族與仕紳階級，三三％是商人與資本家的後代，三六％有店家、製造業和手工藝者的背景，另有十九％來自農業與勞工家庭。這個分布數字與當時社會的組成大異其趣，因為英國社會只有五％的商人與資本家，而有五五％的勞工階級。可見當時的工業家，已比他們的上幾代獲得更良好的教育，但他們向上的社會流動仍受到諸多限制，於是很多人選擇往製造業發展。

這群社會菁英為整個過程帶來了最後一項重要元素：科學革命和啟蒙運動不只為人類帶來新知識，更帶給我們看世界的新方法，以及實證的操作模式。這種實驗精神與縝密檢驗的態度，一點一滴地滲透到英國文化的各個層面，於是對自然界的解釋日漸獲得更多的重視，也逐漸形成新一代發明家的世界觀與工作態度，刺激他們勇於探索、不斷試驗，從而提升了國家創新與創造的活力。

用現代經濟術語來說，這個過程便是研究與發展。有些發明並非一個靈光乍現──「有了！」──的時刻，就突然成功了，而是經過多年的不斷改進，才達成最後的模型。發明家像理查·亞克萊特，跟今天來上《龍穴》（*Dragons' Den*）節目的應徵者們並無兩樣，亟需尋求資金來發展他的構想，所以亞克萊特會跟杰德代亞・史特崔特成為搭檔。有人估計，研發水力紡紗機的投資總額約達一萬三千英鎊，在當時來說已是天文數字，但成功之後，亞克萊特卻賺回了好幾倍。

工業革命的誕生告訴我們，儘管經濟的發展會受到重大外力的引導，在某些情況之下，個人的決定仍有可能創造改變，無論這個改變是好是壞。工業革命的初期，記載了諸多英國製造業成功的事蹟，然而隨後有些失敗經驗，卻不見得是完全無可避免的，例如英國本土的汽車製造業，便提供了珍貴的借鏡。

在全球大型工業國家裡，英國很特異的一點，在於我們並未成功維持一個本土的、以大眾市場為目標的汽車製造業；德國、日本、法國和義大利——這些國家的結構複雜程度與英國不相上下——卻都保住了屬於他們的汽車產業。一九六八年，當英國汽車公司（British Motor Holdings）與利蘭汽車公司（Leyland Motor Corporation）合併成英國利蘭汽車公司（British Leyland Motor Corporation）時，是全世界最大的汽車製造廠之一。一九七〇年時，和其他的競爭對手相較起來，英國也沒有什麼難以避免的理由會帶來特別的困境。

但過了十年之後，情況之惡劣竟已到了無可挽救的地步。約翰・艾根爵士（Sir John Egan）在一九七一年加入英國利蘭公司，並在一九八〇年成為旗下捷豹汽車公司（Jaguar

Cars）的董事長，他向我透露了不為人知的往事。

「英國的汽車製造業到底出了什麼錯？」我問。

「樣樣都錯。」他說。

一九七〇年代英國的勞資關係一蹋糊塗，眾所皆知，艾根爵士接下新職務的第一天，就發現工廠在罷工，緊急了解狀況，原來是工會與British Leyland的管理階層鬥得你死我活，他很擔心捷豹遭池魚之殃會倒閉，那將使他成為唯一一個任期內生產歸零的汽車公司董事長。

捷豹的罷工倒也不是致命關鍵，但當勞資衝突成為業界習以為常的慣性時，要達到有效的經營管理誠屬不易，而過程中人人都是輸家。艾根爵士憶及他曾在一次決定罷工與否的投票現場，當時尚未採取祕密投票的方式。他說，工會領導人面對眾多的車廠員工，問大家是否願意接受管理階層給予的最新條件：「那些同意接受管理階層惡劣條件的人，站到那一邊去；」領導人大吼：「那些反對的，堅守原地！」此一手法顯然並不能確實反映勞工們真正的心聲。

但艾根爵士明白指出，工會的不當操作絕非唯一的問題，管理無能、投資不足、股票市場的短線交易導致公司缺乏長遠規劃，以及當時英國時漲時落的總體經濟政策，在在雪上加霜。此外，艾根爵士對當時英國零件製造商的表現也感到痛心疾首，他說，捷豹汽車有一個特別的零件，製造商有四〇%的時間不能如期交貨，當他向這家工廠的負責人交涉時，才發現原來這個人買下工廠，只是為了賺取土地與廠房內容物的增值，並非有心經營。

對英國汽車製造商而言，這些紛至沓來的問題又都發生在一個不幸的時間點上，亦即全球的汽車業界正面臨轉型。首先，德國人將工程技術應用在量產上，顯著提升了汽車設計的水準；接著，日本人發展出更精練、也更成功的汽車製造流程。與此同時，英國汽車工業卻一直忙著四處滅火，而這些火苗又可以說皆屬自做自受，直到業界發現事態嚴重，為時已晚，手足無措。艾根爵士語重心長地說，自從 British Leyland 成立之後，從未推出過一款成功的新車型（包括標榜四方形方向盤的 Austin Allegro 型號在內）。

有別於紡織業淡出市場，英國汽車業的衰落並非經濟上之不可避免，如果管理階層、工會領導人、政府部門能夠分別做出不同的抉擇，此一產業的命運極可能會出現非常不一樣的結果。這個範例讓我們知道，歷史的發展並非完全取決於「重大外力」，有時候是一連串錯誤決定所造成的。

但整體而言，英國的工業歷史中，值得驕傲的仍多於令人蒙羞之處。此外，英國現代經濟的型態，也是我們能夠開放接受國外產品與公司的結果，這是我們有別於許多其他經濟競爭對手的地方。我們對於全球化的態度，賦予垂危的汽車工業嶄新生機，因此現在仍能運作良好，只不過已不再是英國擁有的本土公司，因此我接下來想討論的主題便是：我們這種獨特的心態究竟從何而來。

3 開放經濟

美國的德國馬歇爾基金會（German Marshall Fund of the United States），成立宗旨在提倡北美與歐洲的互相了解與合作，因此每一年都會進行一項國際調查：「大西洋兩岸趨勢（Transatlantic Trends）」。這項調查涵蓋了十三個國家，廣泛徵詢公眾意見，企圖了解在哪些方面我們的想法非常接近，但在哪些方面，我們的想法又會出現差異。

我對其中一個問題至感興趣：「對於中國崛起，各界看法不一，就經濟而言，有些人將中國視為帶來了新市場與投資的機會，但另有些人卻認為是對我們工作與經濟安全的威脅。你的看法較接近哪一方？」

繼續閱讀之前，請讀者先想一想自己的答案。

在大部分受訪的國家裡，對中國崛起的感受其實是相當負面的，其中兩個反應最正面的國家是英國與荷蘭。根據二〇一〇年的數據，英、荷兩國都有超過五〇％的受訪者，認為中國是一個機會；至於對中國反應最負面的則是法國，六三％的受訪者將之視為威脅，只有二四％的人認為是機會。

這個結果並非出於偶然，因為二〇〇七年的調查問了同樣的問題，反映出相同的分布曲線。

此一現象證明英國確實有其特殊之處，即使並非獨一無二。我們對貿易的看法、開放的心態，以及對全球整合相對良性的反應，都與其他被調查的國家有些不同。本章的焦點在探討我們的開放經濟與都會文化，因為這兩大特質對於我們的整體走向，具有深遠的影響，我們的製造業、智慧財產業，以及服務業，都與我們對全球化的正面態度息息相關。我們的國家領導人——無論是工黨或保守黨政府——基本上對世界貿易自由開放，而對保護政策存有疑慮。

這種心態上的差異，表現最明顯的便是我們對歐盟共同農業政策（EU Common Agricultural Policy）非常排斥，但好幾個歐陸國家卻非常支持（尤以法國為最），此外，我們對於全球公司彼此併購的趨勢，採取的立場也相當放任。

這倒不是說，我們完全沒有經濟國家主義的傾向，只不過這個傾向通常不會走得太遠而已，一九六〇年代末期展開的「我支持英國」（I'm Backing Britain）運動，就是一個很好的例證。

一九六七年間，披頭四（Beatles）風靡全球，但英國的經濟卻處於低迷狀態，製造了二次世界大戰以來最大的財政赤字，貿易逆差不斷擴大。

阿拉伯與以色列六日戰爭（Arab-Israeli Six Day War）的爆發，使英國外銷業者面臨惡劣處境，因為蘇伊士運河（Suez Canal）關閉，造成貿易受阻，而這些都非業者所能控制的範疇。同年九月，利物浦、霍爾（Hull）、曼徹斯特和倫敦港口決定罷工，正當貿易逆差吃緊之際，英國的外銷產品在這些港口堆積如山，運不出去。

上述種種因素造成對英鎊的沉重壓力，投資人開始拋售英鎊，英格蘭銀行必須大量運用庫存，才能勉強維持匯率，但此舉並非長久之計，於是英鎊最後還是下跌了！同年十一月，政府宣布將從原先一英鎊兌二．八〇美元（從一九四九年以來便一直是這個匯率）下調為每英鎊兌二．四〇美元，跌幅達十四％。當時的首相哈洛德．威爾遜（Harold Wilson）在電視廣播時，曾試圖做如下解釋：

> 從現在起，英鎊相對於其他幣值將會下降十四％，這當然並不表示在英國境內，你荷包裡的……英鎊就貶值了，而是意味著，我們此後將能在更具有競爭力的基礎上，對外銷售更多的物品，這對我們的外銷業者來說，是巨大的良機……，同時也意味著，我們向國外進口的產品，將會漲價，因此在國內購買英國貨，會變得比較划算。

儘管此一改變乃基於各種經濟上的不可避免性，且威爾遜的樂觀談話不斷強調新的契機，但英鎊匯率的貶值，還是讓英國人的心理備受挫折，當時的反對黨領袖愛德華．希斯（Edward Heath）將之稱為「英國的敗仗」，據說連女王在聽完威爾遜的電視廣播之後，都靜靜坐著「沉默良久」，全國上下瀰漫著一股筋疲力盡的委頓氣氛。

於是有位保守黨國會議員——約翰．波依德—卡本特（John Boyd-Carpenter）——在《泰晤士報》（*The Times*）上發表言論，表示為了拯救國家經濟，如果具有社會地位的人士願意挺身而出，自願在每個月的第一個星期六無償加班半天的話，將能向舉國與世界證明英國人的工作熱忱。

寇德通風與暖氣設備公司（Colt Ventilation and Heating）的行銷主任富德利克．普萊斯（Frederick Price）深有同感，便在聖誕節過後的公司備忘錄裡主張，如果每個員工都能身體力行週六無償加班的構想，他相信英國的財政赤字必能很快獲得改善。

公司總辦公室裡的五位祕書受到備忘錄的鼓舞，回信給普萊斯，問他該如何執行？後來他們擬出具體建議，詢問總辦公室裡的員工，是否願意每天上午無償提早半個小時來上班，結果大家都同意，使寇德公司發出了率先響應的第一炮。

這個行動很快引起媒體的注意，普萊斯在接受訪問時告訴《泰晤士報》記者，自從實行無償加班之後，公司的生產力立即提高了七％，他說：「想想看，如果全國上下全都這麼做……，我相信國家的問題已有答案。」

女王的先生菲利浦親王（Prince Philip）拍了電報給寇德公司的祕書們，說：「這是一九六七年最令我感動的新聞，如果我們都能以這樣的精神邁入一九六八年的話，相信所有的難題都將迎刃而解。」其他的公司也開始與寇德聯繫，表明願意加入陣容，使寇德公司相信，一個全國性的運動即將展開，於是他們對外宣稱，將會製造十萬個紀念章，印上英國國旗與「我支持英國」的字樣，進一步推廣這個運動。

隨著一九六八年到來，「我支持英國」運動開始發揮滾雪球的效應：位於林肯夏（Lincolnshire）的羅斯金頓食品公司（Ruskington Foods），原本計畫商品要漲價，但員工同意無償加班降低生產成本，於是取消了漲價的規劃；白金漢夏（Buckinghamshire）連鎖修車廠的老闆喬治．亞普特爾（George Apter），跟很多人一樣選擇了自動減薪；國家稅務局更收到了無數的支票，希望為國家清償債務。

各式各樣倡議英國人應如何幫助國家度過難關的聲音此起彼落，有人開始建議女人應該「改喝威士忌，以便增加國庫稅收」；農夫應該「多種麥，多養豬」；汽車駕駛人應該「帶全家人在英國各地開車度假」；小朋友應該組成「幫助英國筆友俱樂部」，這樣不僅能夠「為自己增加新朋友，也為國家創造未來的商業客戶」；家庭主婦則應該主動為有工作的鄰居購物，因為「已婚婦女必須趕著回家，大部分的公司在下午四點四十五分就不得不打烊了」。

顯而易見，這個轟轟烈烈的運動立意雖佳，卻是全盤誤導，難怪結果不了了之。英國生產力委員會（The British Productivity Council）衡量運動的效率後，做了清楚的結論：產量的增加與生產力的提升是兩碼子事。各種貿易工會理性地阻止會員們任意無償加班，正如混合工程工會（Amalgamated Engineering Union）指出，整個運動只是在為無效率提供保護傘而已。

政治家以諾．鮑威爾（Enoch Powell）也對這個運動嗤之以鼻，斥為愚蠢，戲謔說應該改名為「幫英國洗腦」運動。他認為真正的關鍵，是必須提升英國外銷產業的競爭力，延長工時毫無作用。

「我支持英國」運動來得快，去得也快。回到寇德公司，當無償加班的行動要推廣到工廠裡時，混合工程工會出面制止會員，並對一意孤行的個人做出停權處分，於是很快恢復了正常工時。

整個運動最大的諷刺出自新聞的爆料：運動參與者們穿著的「我支持英國」T恤，竟然是在葡萄牙製造的。

此外在市面大街上，幾乎完全看不見運動的成效。運動推行兩個月之後，倫敦的一家連鎖超商 Safeway 坦承：「好像什麼都沒有變……，銷售成績與股價均無反應。」

另一家連鎖超商特易購（Tesco）也說：「看不出人們有開始改買國內產品的傾向。」

當媒體記者在社區雜貨店裡發現，特賣的進口商品居然和英國商品一樣多時，曾經質問店家：「這樣怎能幫助英國？」店家搔了搔腦袋，沉思一下說：「我想，這樣可以讓家庭主婦買到比較便宜的東西吧？」

真是一語中的。

這是保護主義與此類運動的癥結所在。如果英國貨不是你想購買的商品，那麼購買英國貨就不是一件美事。它服務了英國生產者的利益，卻任由英國消費者付出代價；在另一方面，你也可以說，如果我購買了葡萄牙製造的T恤，我以做為一個消費者而受益，但我同時也傷害了英國的T恤生產者。

「我支持英國」運動最終失敗的原因，在於英國有從消費者的角度，而非生產者的觀點權衡輕重的傳統。同時這個運動還有一個致命的缺點，亦即在現代經濟裡，真的要「買英國貨」，其實非常困難，正如《泰晤士報》以亨氏焗豆（Heinz Baked Beans）為例所分析：豆子來自北美洲，番茄來自葡萄牙，麵粉來自美國，糖來自西印度群島，香料來自熱帶，裡面唯一可以稱為英國的，只有鹽巴和罐頭的金屬，而且亨氏公司九〇%為美國所擁有，只因為這罐焗豆是在英國裝起來的，就被當成是英國貨了。

對我來說，「我支持英國」運動最令我反感之處，是運動者設想我們出門工作，或者選擇購買產品，目的全是為了要服務「英國經濟」這樣一個抽象的概念，根本大錯特錯！經濟應該是要服務我們才對。大部分的人外出工作，是為了要享受更高的生活水準；我們購買商品，也是為了要使用它們。但這個運動反其道而行，反而要降低我們的生活品質，勉勵大家做不想做的事，買不想買的東西，還要免費加班，這都是讓國人更貧困、而非更富裕的做法。換句話說，這個運動是對我們經濟困境的屈服，而非解決之道。

誠然，降低生活水準有時是必要手段，正如公司有時需要降價競爭，儘管最終的目的是為了創造更大利潤。我在第六章裡將會提出，我們做為一個國家，確實有過度消費的傾向，所以從這個角度來說，「我支持英國」運動有其邏輯，但降低生活品質本身，卻絕不應該是一個目標。

如果降低生活水準的用意是為了要提高競爭力，那麼毫無章法地任選商品或產業去支持，意義也不大，最好的方法便是降低英鎊匯率，因為這樣會讓進口的成本提高，但出口的成本下降。

「我支持英國」運動，基本上跟英國的某些天性與歷史發展是背道而馳的，包括我們對開放與國際化的傳統，以及偏重消費者而非生產者權益的價值觀；當我們覺得理當進口時，我們很自然還是會去進口。歷史學家尼爾．佛格森（Niall Ferguson）在《帝國》（*Empire*）一書裡，引述了作家丹尼爾・笛福（Daniel Defoe）一七二五年所寫的文字：「比起世上任何其他國家來，英格蘭內部消耗了更多國外種植的物品，由許多不同國家生產、製造、進口而來。」十八世紀時，英國大量進口的貨物包括茶葉、咖啡、糖和菸草，這證明了英國人對外國產品的嗜好其來有自，迄今未減。

「我支持英國」運動的發起人們，把英國認同想得過於簡化了，事實上，許多英國公司都有很多國外資金的介入，但一般人多半不是很在意，而此一發展亦早有歷史依據：尼爾・佛格森回溯一六八八至一六八九年的光榮革命（Glorious Revolution）時，描述威廉・奧蘭治（William of Orange）從荷蘭來到英國，成為國王威廉三世，與英格蘭瑪莉二世共治英國，佛格森將此評為具有「盎格魯－荷蘭企業合併的性質」，而威廉無異就是被接受成為「英國的新任董事長」。

「我支持英國」運動和其他帶有保護主義色彩的行動——如高登・布朗曾提出「英國工作給英國工作者」（British jobs for British workers）的口號——有悖於英國固有脾性，當社會大眾發現運動激發的愛國情操過了頭，變得不再理性時，就會選擇放棄。英國的經濟實力或有相對疲軟的時候，但在抗拒強硬國家主義的操弄上，一般卻能展現強大的意志力，這對英國經濟的發展影響深遠。

那麼，英國做為一個自由貿易國度，此一天性究竟從何而來？答案還是要從我們做為一個工業國家的歷史中去尋找。自由貿易之成為英國人根深柢固的觀念，可能應該追溯自一八四六年廢除穀物法（Corn Laws），堪稱一世代的偉大成就，其重要性與象徵意義遠超出法規本身。

在某些方面，穀物法和歐盟共同農業政策的精神有異曲同工之妙，旨在保護本國農產品，但說明白了，其實受惠的是當時擁有土地的貴族。法令下的「穀物」包含了一切穀粒——稞麥、大麥、小麥等——對進口穀類採取嚴格限制與極高關稅，以便保障英國生產者的利益。從十七世紀中期到法令廢除的一八四六年之間，英國共通過了一百二十條穀物保護法規。

在這段期間，穀物法並未引起很多注意，因為英國的農業鼎盛，不但自給自足，甚至還有多餘可外銷，不過隨著英國的人口快速激增，以及某些年頭的收成欠佳，尤其是一七五六至一七六三年間爆發了七年戰爭（Seven Years' War），終於造成一個現象：對穀物的需求不斷增加，但長期以來無法從國外進口以便彌補不足，於是價格上揚；從十八世紀初期到末期，漲幅是兩倍半。對生產者固然是好消息，但消費者卻受不了，遂發生了糧食暴亂。

十九世紀初期，正當穀物供需的情況日益惡化之際，國會反而通過了一連串新的穀物法，加強生產者的法律地位，不但給予最低售價的保障，且遠在歷史平均價格之上，更接近戰爭期間暴漲時的價位，於是一八一五年間倫敦街頭發生暴動，抗議法規不公，穀物法乃開始成為辯論的焦點。

正反雙方的拉鋸，是我們今天也都很孰悉的論戰：一方追求保護主義，另一方力主更自由開放的貿易政策，主要差別在於誰站在哪一方。十九世紀初期，是站在街頭抗議、暴亂的群眾要求更自由的機制，但政策制定者們卻主張更加嚴厲的管控。

從政治層面來看，街頭運動者面臨一個困難的關卡，即他們的觀點在國會裡未能獲得充分代表。當時的英國尚未實施全民參政，僅有特權階級具備選舉國會議員的投票資格，因此貴族們的意見——多為土地擁有者，因而也是農業的既得利益者——卻能在國會裡得到十足的表達。

然而穀物法畢竟是經濟而非政治議題，後來經濟因素總算改變了既定的平衡點，使天秤開始朝既得利益者的反方向傾斜。正如第二章已經提過的，工業革命徹底改造了英國，十九世紀期間，白手起家的創業者們開始發揮自己的影響力，而工業越進步，農業對英國經濟的重要性就日益降低。一八一五年時，經濟學家大衛・里卡多（David Ricardo）出版了一份手冊，指出穀物法將英國的勞工與資本浪費在農業上，妨礙了國家的進步，若能進口國外穀物，就能釋放珍貴的資源，從事更有生產力的工業。

英國經濟平衡點的轉移，使自由貿易的論述開始獲得越來越多的支持，反穀物法聯盟（Anti Corn Law League）於一八三八年成立，成員形形色色，包括紡織業者理查·寇普登（Richard Cobden），也包括企圖推動選舉改革的人士，主張擴大投票權的資格。此外，鐵路建設與郵政的普及，也成為反穀物法聯盟的助力，因為運動人士可以搭火車到全國各地演講，說服廣大的群眾，這在二十年前根本是不可能辦得到的事；而便宜又普及的郵政，也讓聯盟成員可以向選民散布一系列的傳單，清楚論述他們的觀點。

寇普登從三個面向主張廢除穀物法：首先，他認為法令的廢除將使人人都能在經濟上受益，因為允許外國穀物進口，將擴張英國物品的外銷市場，從而提高對勞動力的需求，造成工資上漲，物價下跌；其次，寇普登認為促進國與國間的貿易，將增強彼此間的互賴，從而減低戰爭的機率，以及因戰亂而導致的經濟破壞；第三，寇普登及其聯盟成員更主張，自由貿易是一種道德選項，因為市民有權利購買最廉價的物品，政府不應干預防杜。換句話說，他們相信消費者的權益應該比生產者更重要。

其中最後一個論點，獲得當時聽眾最大的共鳴，並持續不斷地在英國民間廣泛流傳、開花結果。英國比其他國家都更早成為消費型社會，於是在這樣一個經濟環境裡，消費者也就一直站在具有主導性的地位。

穀物法在一八四六年的廢除有如一個分水嶺，寇普登的運動播下自由貿易的種子，影響所及在今天的政策與民意調查中仍清晰可見。十九世紀末期，美國經濟快速崛起，國與國間日漸升高的軍事緊張情勢，也造成保護主義與高關稅的重新抬頭。以法國為例，提高穀物進口稅，是為了防止美國進口農產品在法國氾濫成災；然而在英國，想法卻很不一樣，因為消費者喜歡購買低價產品，所以並未制訂很多政策去輔助沒落中的農業經濟。

二十世紀初期，其他主要國家的高關稅對英國經濟產生不利影響，失業率上升，物價也不斷上漲。當其他國家紛紛採取保護措施時，英國還能繼續堅持自由貿易的政策嗎？在約瑟夫．張伯倫（Joseph Chamberlain）的領導之下，一個強大的政治遊說團體於焉成型，稱為關稅改革（Tariff Reform），旨在透過保護政策幫助國內業者對抗國外產品。保護主義與自由貿易的戰火再度點燃，並成為一九〇六與一九一〇年兩次大選的決戰關鍵。

愛德華時代的自由貿易支持運動，喚起了人們對過去反穀物法聯盟的記憶，他們指出，一八四〇年代，保護主義因為貪婪，寧可讓勞工階級挨餓，只為維護穀物生產者的利益。當時還出現了一本暢銷書，記述穀物法廢除之前困苦的生活，包括窮人在夜間偷蘿蔔餵養小孩的故事，因為麵包已經變得太過昂貴，成為特權階級才買得起的奢侈品。

自由貿易被形容為解放勞工階級的武士，穀物法的廢除被看成是英國走向自由的起點，也是讓國家更進步、更民主的基礎，讓每個人的權益都能被放在檯面上考量。英國人傾向消費者的心態在此論戰中展露無遺，正如富蘭克・川特曼（Frank Trentmann）在《自由貿易國度》（*Free Trade Nation*）書中指出：「自由貿易為人們——尤其是形式上被排除在政治之外的群體，如窮人、女人及兒童——確保了基本物資最公平的價格。」因此他認為對貧困階級來說，自由貿易猶如基本人權。

無論自由貿易支持運動對穀物法歷史的解讀是對是錯，在英國二十世紀初期的辯論大獲全勝，一九〇六年的選舉結果，自由貿易支持者獲得壓倒性勝利，並持續影響了一九一〇年的選情。儘管關稅改革團體不斷發動攻勢，力求反撲，自由貿易顯然還是英國選民偏愛的選項。

隨著二十世紀的進展，英國卸下了帝國的光環，從經濟的制高點一步步撤退，自由貿易的原則備受打擊，第一次與第二次世界大戰之間，全球經濟的不景氣，使英國也開始跟隨保護主義而起舞，到了一九三二年，絕大多數的國外進口產品都要支付一〇%的關稅。從時代背景中不難理解制訂保護政策的原因，可是卻不能避免負面效果。從第一次世界大戰開始，一直到第二次世界大戰結束的這段期間，全球經濟貿易委靡不振，相較於一次大戰之前，以及二次大戰之後的活絡，簡直不可同日而語。在保護主義興盛的期間，各國經濟都只能自求多福，回想一八四〇年代，寇普登曾呼籬，促進國與國間的貿易，將增強彼此間的互賴，從而降低戰爭的機率，及今反思，竟有如對兩次世界大戰的先知預言。

第二次世界大戰結束之後，自由貿易邁向了多國協商的貿易合約，英國也再度走回自由貿易的路線，簽署了一系列的關稅貿易總協定（General Agreements on Tariffs and Trade，簡稱 GATT），也參與世界貿易組織（World Trade Organisation，簡稱 WTO）的創建，兩者都是企圖將世界經濟從保護主義推向自由貿易的機制。一九四七年的 GATT 原始合約，降低了四萬五千項雙邊關稅，佔世界貿易的二〇%。其結果是加快戰後經濟的復甦，整個二十世紀的後半期，世界貿易平均每年都成長了六．四%。

和許多歐洲鄰國相比，英國是最積極推動多邊貿易協定的國家，也是最樂於主動配合世界貿易組織規定的會員國之一。對很多國家來說，面臨來自國外低廉貨物傾銷的壓力時，提高關稅往往是極具吸引力的對策，例如在二〇〇〇年，英國和歐盟會員國間就爆發了一場媒體所謂的「胸罩戰爭」：法國和義大利的服裝製造業者，希望對中國成衣業限制配額，以便保護法、義本土產業，但英國的批發業者卻不同意，因為他們希望能夠進口低廉的貨物，以便滿足英國市場的需求。

可見消費者的利益持續主宰著英國的經濟與生活方式，因此你會發現，儘管近年來我們常會聽到對網路銷售竄起的焦慮，擔心它們對英國書店業者造成衝擊，但是在亞馬遜（Amazon）網站買折價書的人數，還是遠大於堅持去獨立書店花原價購買同一本書的顧客群。

上述這些本能性的反應，或許解釋了為什麼馬歇爾基金會的問卷調查，會發現相對於其他國家，我們對中國的經濟進展會有較正面的觀感，因為我們在潛意識裡，將自己放在消費者的位置，購買中國的廉價商品，但法國人卻將自己看成是生產者，從而感受到來自中國的競爭壓力。

我無意誇大我們和其他國家之間的差異，因為在實際操作上，沒有一個國家是百分之百、毫無疑慮地支持自由貿易。所有國家都會在某些層面上帶有某種程度的經濟國家主義，只不過具有反全球化傾向的國度——如法國——比較容易在他們的行動中表現出此一意圖。

以英國的面積來說，我們全球整合的程度算是相當驚人：我們不只有很龐大的貿易量，也有很多面向國際的服務產業；和歐陸的鄰居相比，我們有相對高比例的英國僱員是在外商公司工作；國外法人機構在英國購買的土地與資產，比其他國家都多；同時我們也在國外購買了大量的資產和土地。

簡言之，我們的歷史塑造了我們對貿易的開放態度，我們的態度塑造了我們的政策，而我們的政策塑造了我們的經濟。再反過來說，我們經濟的演化乃是深植於我們的態度與政策之上。

比較英國和其他幾個歐洲國家的汽車市場，或許最能具體反映出這些特點。稍早已經提過，英國已無本土的大眾汽車工業，我們今天的汽車製造廠，以及英國著名的汽車品牌——從勞斯萊斯（Rolls Royce）到迷你（Mini）——都是外資，這和法國與義大利截然不同，後二者的汽車製造與銷售業，國家汽車公司都佔有重要分量。

二〇一〇年第一季，法國汽車業者雷諾（Renault）在義大利的市佔率達八%，在法國本土佔二九%；同一個時期，義大利的飛雅特（Fiat）在法國市佔率達四%，在義大利本土則佔三〇%。從消費者的角度來說，相較於法國與義大利，英國民眾可以在沒有偏見的情況下自由選擇，因此雷諾與飛雅特在英國的市佔率各為五%以下。

我知道有人會抗議說，至少人家有雷諾與飛雅特，我們有什麼呢？事實上，我們對全球開放的態度，使我們今天也有一個運作相當良好的汽車工業，只不過不能在數百萬輛產製的汽車上印上英國國旗而已。二〇〇七年，就在金融風暴來襲以前，英國汽車製造業的毛附加值只比法國小一點點，比義大利相對多了一些。

正當法國與義大利透過生產自創品牌的汽車賺錢時，我們的收入是來自製造日本汽車如 Honda 和 Nissan。

產製活動在不同國家間的整合，遮掩了我們生產的內容。也許我們看到全世界各種不同品牌的汽車在馬路上跑，覺得好像沒有很多是英國製造，但是在汽車業有兩個途徑可以成為「大」國：你可以一〇〇％製造全世界一％的汽車；或者你可以製造一％全世界一〇〇％的汽車。英國便是屬於後者。

剛剛提到過，在二〇〇七年，英國汽車製造業的產值比法國小了一些，但如果以汽車數量計算的話，那麼法國遠遠超前，生產了二千五百萬輛，而英國只有一千五百萬台。我們的產量比法國小這麼多，卻能達到不相上下的產值，有兩個原因，一是我們產製的汽車價位較高，另外還有一點，便是我們生產了更多的汽車零件。

英國公司 GKN 在汽車界的全球營收額達二十億英鎊（合新台幣約七七六億元），但他們產製的卻不是汽車，而是駕駛軸——即引擎和方向盤之間的一個零件——市佔率達三〇％，具有世界級的領先地位。這也就是說，在馬路上你看得到福斯汽車（Volkswagen）或 Toyota，但是你看不到駕駛軸，然而有三〇％的機率，GKN 製造的駕駛軸就在那輛車子裡面轉動。

汽車工業只是展現英國相對開放態度的例證之一，但一個很重要的思考點是：我們是否應該更向法國看齊，多一點經濟國家主義？多一點購買國貨的傾向？

從對「我支持英國」運動的介紹中，讀者很可能早已嗅出我對經濟國家主義的疑忌。幾十年後的今天回頭檢視「我支持英國」，此一運動的各種缺陷，自應比當年身歷其境時更為顯著，同時以英國外向的經濟來說，「國籍」在今日更是棘手無比。做為一個「英國」公司，定義到底在於所有權？註冊登記處？抑或主要活動範圍？如果其活動並無單一的操作中心呢？

如果一項產品是在中國製造，由住在美國的英國專家所設計，而這個設計公司又擁有來自全球各地的投資時，我們應該發給這項產品哪一國護照？這種複雜的安排在今天已非特例，而此一日趨典型的經濟操作模式，已使國籍的單純定義近乎不可能。以現行有個標榜購買英國貨的網站 Buy British 為例，網址是 buybritish.com（奇怪，網域名稱怎麼不是 buybritish.co.uk 呢？），網站上特別開闢了一個網頁，專門解釋「英國程度」的評分標準，依此決定每個商品究竟有「多英國」。

這也就是說，即使你認為全球化是錯誤的，但若想要走回頭路，恐怕為時已晚，因為我們已在這個全球網絡中彼此纏繞，為了要釐清什麼是「我們的」而斬斷一切既有的牽連，必須付出荒謬的高代價，並不理性。

而且，就算真有辦法再度定義簡單的「英國性」，還有一個重要理由不應閉門造車，回到所謂自給自足的狀態。

別的國家有太多可以教我們的了！我們跟世界的互動越頻繁，鼓勵越多的公司在英國與其他國家同時操作，我們就越能跟得上時代的腳步，確保最先進的水準。

日本公司對英國工廠在一九八〇年代的影響，便是很好的例子。Nissan 在北英格蘭的桑德蘭（Sunderland）設廠以後，帶來的不只是新的工作機會，也更新了整個供應鏈，讓當時低水準、低效率的英國零件製造商備受震撼，重整步伐，終於使英國的汽車工業獲得了新生命。

廠商們很快改採日本人的製造方法，對整體的英國汽車製造業都有好處：比起英國過去壁壘分明的作風，日本模式較無「他們對我們（即管理階層 vs. 勞工）」的障礙，且引進的流程能夠更清楚呈現各種製造上的問題。

例如當日本車廠進入英國以後，GKN 的駕駛軸工廠也必須提高生產品質與效率：他們將機器漆成白色（使之更容易暴露製作缺陷）；從前餐廳裡區別管理階層與員工的分隔牆被拆除；監工們從樓上的辦公室被調到廠房的地面樓；引進的製造流程也更為順暢，不需要再讓半成品在工廠裡繞好幾圈。

此外，過去在製造過程中的每個步驟，都有一箱箱的多餘零件備在一旁，以便當流程中的任一環節出差錯時，每個人都仍能繼續工作，一邊讓錯誤慢慢去自行解決。但新的流程取消了此一緩衝機制，一出差錯，每個人都立即知曉，因此可以共同尋找徹底的解決之道，避免以後再度發生。

如此持續地改進與提高品質，GKN 估計，過去每製造一百萬個駕駛軸，總會出現三百至四百個瑕疵品，但現在每一百萬個成品中，瑕疵品都只在個位數。

英國的經濟應該開放到什麼程度，或許見仁見智，但我們的工作人口與國外互動越多，我們就越快能夠學習到當前最好的技術與操作模式。如果每件事情都能夠由我們自己來發明，當然再好不過，但如果這是不可能的事，那麼讓我們加入競爭行列與對手互相切磋，應該會比我們獨自站在一旁更有益處才對。

我想多數人應該都能同意，上述實例證明，允許外國到英國投資，改善了英國的製造工業，但另有一個情況卻引發了不少爭議：我們應當允許英國公司被外國公司併購到何種程度呢？例如英國巧克力工廠 Cadbury 在二〇一〇年被美國的 Kraft 併購，或者糖果工廠 Rowntree 被瑞士的雀巢公司（Nestlé）於一九八八年併購，我們應該焦慮到什麼程度？

其實，即使是像這樣的案例，都仍帶來許多外界看不到的好處。金錢或許是最明顯的優點——在正常狀況下，外國公司應是以高於原價的金額購買，所以本項交易讓我們更富裕，而非更貧窮——而英國賺取外匯的途徑之一，往往便是成立公司，高價轉讓之後，再去開創新的公司。

倘若一個龐大的跨國企業，如雀巢公司，想要購買一個較小的英國公司，如Rowntree，因為雀巢認為能將Rowntree的糖果賣到更多的國家去，為什麼我們會不歡迎呢？同樣地，如果KitKat有機會成為全世界最受歡迎的巧克力餅乾，又為什麼有人會想拒絕呢？

話雖這麼說，在實際操作上，開放經濟與自給自足之間並非零和賽局，雖然我的論述傾向支持開放經濟，但我也必須指出一個重要論點，值得我們對於過度開放三思而後行。英國需要經濟多元化才能欣欣向榮，而做為一個相對上中等規模的國家，我們有非常高比例的外國公司來來去去，我們必須注意經濟生態的平衡不被蹂躪。Cadbury巧克力與Rowntree糖果的擁有權被轉到跨國公司名下是一回事，但如果它們是連工廠帶生產活動整體被移出英國境外，那又是截然不同的一回事。外國公司毋須顧及英國內部的經濟平衡，例如服務業、管理業、製造業之間的運作與分布，因此，一個完全自由的市場，並不能為國內環境帶來永續發展所需的適度平衡。這是我們必須注意的，也是我將再探討的主題。

整體而言，做為一個貿易國度的悠久歷史，以及做為消費者的直覺，使我們成為一個對全球整合相對開放的經濟體，一路來到今天，將來也當繼續勇往直前。

第Ⅱ部
製造業
Manufacturing

4 製造業心理學

一九七二年，我父母買了一本叫《認識英國：一個濱海島嶼的傳統與體制》（*Know Britain: The Heritage and Institutions of an Offshore Island*）的書，封面上的照片有協和式飛機、金幣、伊莉莎白女王二世郵輪（QE2）、煤礦，以及一間倫敦酒吧。書裡的內容應有盡有——從每個郡及其人口、王位繼承人的資格排序（排到第三十六順位）、一直到英國皇家空軍（RAF）飛機的清單目錄等。我時常翻閱這本書，把它放在自己房間裡，因為在維基百科（Wikipedia）發明之前的時代，它是實用資訊的寶庫。在那個年代，數據沒那麼快就過時，出版幾年之後你還是可以不斷回頭參考，毋須對資料的時效性斤斤計較。

到了一九八〇年代末期時，我知道書真的已經太舊了，但還是忍不住保存著，我想或許將來有一天，它可以被當成歷史檔案來使用也不一定。我可以高興地說，屬於《認識英國》的這一天總算到來了！

我最近又重讀了這本書，尤其是標題「經濟、工業與貿易」的章節。書中說英國的平均每人國內生產總值為全世界第九名，提供全球外銷製造產品的八％。它不只談英國的製造業，也指出英國是世界主要的銀行重鎮之一，是「英國貨幣區的金融中心，此經濟團體佔全世界人口的四分之一」。但很顯然，製造業仍是最被重視的部分：「在所有已開發國家中，英國的工作人口有最小的比例從事農業，可見我們對製造經濟的全力投入。」書裡還說，在一九七〇年代末期，英國有七十一座鼓風爐，並有七十五萬六千人從事紡織業。

真是滄海桑田。

今天，我們只有七個鼓風爐；超過十萬人從事紡織業；恐怕很少人會認為我們對製造經濟「全力投入」；而我們在全球製造產品的外銷市佔率，也降低了一半。難怪我們感覺國家好像隨著製造業而沒落了。

真的沒落了嗎？答案：是，也不是。是沒落了，因為製造業在我們經濟結構裡所佔的比例大幅縮小，但在另一方面，今天的英國也比先前的年代都更富裕、更成功。二〇〇七年，金融危機爆發之前，我們的製造產出比一九七〇年高二八％，二〇〇八年二月更達到歷來所有製造業產量的最高點。

然而大家還是很擔心，或者覺得我們生產得不夠，或者覺得我們好像停滯在慢車道上，不斷被其他國家超越了，例如《衛報》（*Guardian*）最近有一篇文章，標題為〈英國經濟二〇五〇：停在過去，落後越南〉（UK economy in 2050: stuck in the past and trailing Vietnam），但文章裡卻未提出支持此一論點的證據。事實上，文章所引用的表格顯示，即使越南能在未來幾十年內達到快速的經濟成長，到二〇五〇年時，還是會落在英國的後面。可是這篇文章所呈現出來的那種不安全感，我們卻都非常熟悉。

當我們衡量英國在做些什麼，以及英國如何在世上立足等問題時，也應對製造業做全盤的透視，將這個產業放在適當的位置去思考。我們不應將之看成所有經濟領域裡，地位最重要、最高超的一環，但也不應將其視為老舊過時的產業。不過很遺憾，有關製造業的辯論總是趨向兩極化：有人覺得製造業邋遢，金融服務業才是現代經濟的寵兒；但根據我個人的經驗，更多人覺得製造業具有特別神聖的地位，或許因為潛意識裡，我們還是相信能夠用雙手產製物品，是人類最實用、最有價值的活動。

這是很自然的。《英國製造》電視系列拍攝團隊到任何地方去，我問在製造業工作的人員，他們的工作是否為他們帶來內心的滿足感，答案都非常肯定。其中最明確的答覆，來自一位女工程師，名叫菲里娜．瑪利菲爾德（Felina Merrifield），她在英國航太系統 BAE 工廠參與颱風戰鬥機的製造。菲里娜於一九九七年九月從學校一畢業就加入了 BAE，她自小就對工程有興趣，是個喜歡動手實作的人。很幸運地，她的學校跟英國航太有產學合作，因此申請到公司實習。

最讓我感興趣的，是菲里娜所展現出來對工作的高度熱情，她向我形容創造產品的滿足感，如何將紙上的一個構想，轉化成一件具體的實物，她很享受工作帶來的責任感，以及完成之後的心滿意足。她為自己貢獻、製造出來的產品感到驕傲，說她每次看到颱風戰鬥機飛過家鄉的上空，成就感便油然而生。當別人抬頭看著颱風戰鬥機，興奮地指指點點時，她只要暗想：「這是我做的！」就忍不住滿心歡喜。菲里娜說她也曾在一家製圖公司實習過一段期間，但那時從未有過這般滿足。

還記得一九九一年的喜劇電影《城市鄉巴佬》（*City Slickers*）嗎？影星比利．克里斯托（Billy Crystal）飾演一個角色叫米契．羅賓斯（Mitch Robbins），羅賓斯在廣播電台的廣告部門工作，負責賣廣告時段給客戶。菲里娜對自己工作的那份驕傲感，和片中的羅賓斯相比，簡直是一個天上，一個地下。

在電影中，羅賓斯要去兒子的學校談自己的職業，因為這是學校活動的一部分，邀請家長們去向學童介紹成人的工作世界。在羅賓斯上台前的那位家長，是一位建築工人，介紹完後獲得熱烈的掌聲。羅賓斯的兒子——由年輕的傑克．葛倫霍（Jake Gyllenhaal）飾演——覺得父親的職業很沒面子，就騙同學說爸爸是在潛水艇工作。後來當羅賓斯終於向全班同學說明自己真正的工作內容時，換來的是眾人的困惑與不置可否。

菲里娜的經驗，以及克里斯托在《城市鄉巴佬》中演繹的情節，都是讓經濟學家和心理學家興味盎然的題材。從金錢的報酬來看，無論是戰鬥機工程師，或者是廣告時段銷售員，都有相當好的收入，但兩者之間似乎也有根本的差異；在菲里娜的家鄉，人們看到颱風戰鬥機時振奮的表情，以及在《城市鄉巴佬》片中，大家聽到羅賓斯工作時的漠不關心，這種對比是勞動市場中所無法反映出來的區別。難道在製作產品的過程中，就是有某種本質會帶來先天的滿足感？果真如此的話，那麼這份感受從何而來？又，在現代已開發經濟中，這些仍然重要嗎？

經濟學家理查·賽納特（Richard Sennett）在《工匠》（*The Craftsman*）一書中，曾以希臘神話的火神與技藝之神赫菲斯托斯（Hephaestus）為例，說他被荷馬（Homer）史詩《伊利亞德》（*The Iliad*）盛讚為「和平的使者暨文明創造者」。早期的基督宗教思想中，也強調耶穌是木匠之子的事實——一份謙卑但實用，有意義，且值得學習的職業。在中古社會裡，技藝公會所展現出來日益壯大的政治與經濟影響力，更證明了工匠顯而易見的重要性。

作家馬修·克勞福德（Matthew Crawford）對這個問題做過深入研究，他的作品《用手勞動的理由》（*The Case for Working with Yours Hands*），副標題明白指出「為什麼辦公室的工作對我們有害，但修理東西感覺良好（Why Office Work is Bad for Us and Fixing Things Feels

Good）」。克勞福德原是一個政治智庫的主任，後來決定辭職去開摩托車行，結果他發現，修理、微調機車不但是個更令人滿足的經驗，也更能刺激智力的運作。他寫道：「放在褲袋裡的一卷鈔票，感覺起來跟我上一份工作拿到的支票大不相同……。我看不到自己收到薪水的理由——我到底提供了他人什麼實際的產品或有用的服務？那種無用之感，非常令人洩氣。」但他的新工作卻有天壤之別：「我覺得我在社會上找到了定位。從前當別人問你在做什麼時，聽到『智庫』這個答案，他們通常要想幾秒鐘，然後去揣測你的工作內容，但說『摩托車技工』，我便獲得了立即的認同。」

馬修．克勞福德和菲里娜所共同擁有，但比利．克里斯托飾演的角色在《城市鄉巴佬》片中所欠缺的一樣東西，就是認同。人們看到菲里娜協助製造的戰鬥機時，他們的表情使菲里娜感覺受到重視；當人們立即了解馬修．克勞福德的工作內容時，也使他覺得獲得了社會的認可。這份職業帶來的滿足感，並不一定只跟製造業有關聯，但是具體有形的產品，每個人跟任何人都能一目了然、做出反應，確實有其特殊之處。

產品製作的另一個特點，便是製造者可以用某種方式加入個人的印記：古希臘製陶工人會在作品上署名；古羅馬奴隸會在搭造的建築上祕密標註他們所來自之處；約克夏工匠羅伯．湯普遜（Robert Thompson），則以在木製家具上雕刻老鼠而著稱。我去位於西倫敦的布蘭特福（Brentford）拍攝《英國製造》時，來到生產Brompton折疊腳踏車的工廠，工作人員指給我看，他在製造的硬桿上所做的個人標記，看起來有點像蒙面俠蘇洛（Zorro）的Z字型。

這種留下個人標記的衝動，哲學家稱之為「存在的政治」，克勞福德形容為「一種與他人和未來的交流」。製造者將自己的某部分放進創作裡，因為物品有被留存的潛在性，所以可能受到未來世代的讚美與欣賞。這份成就感與擁有權，雖然並非只存在於製造物件上，但實體產品所帶來的感受，終究是最直接的。

在具體工作中所獲得的個人成就感，加上與他人共同產製某種有價值、有意義物品的團隊精神，將我們帶回到早期社會的歸屬感。富蘭克・威爾森（Frank R. Wilson）在作品《手》（*The Hand*）中，描述人類與其他物種最大的區別，在於人類從原初時期即已懂得將工具分類，並在過程中與不同的人、就不同的工作互助合作。有關澳洲原住民的研究也顯示：「他們的手工藝品並非三腳貓以粗糙石器隨便成就的物件，在看起來彷彿原始的工作條件下，他們展現了所有現代製造業的基本原則……矽谷的設計師與工程師們構想、設計、試驗、而後創造最好的電子機器，其過程與原住民用石器產製的方式並無二致。」

看到這麼多人對具象產物表現出如許的親切感，我絲毫不覺意外，畢竟使用工具的能力，是人類最基本的演化條件之一。人類並非有此能力的唯一物種——例如黑猩猩也能製作簡單的器具——但讓人類與眾不同之處，是手部的發展：大拇指及不同夾握方式的能力，使早期的人類可以創造、並製作出超乎黑猩猩能力所及的物品。直立猿人的祖先做出來的工具，基本上只是敲碎之後有利邊的石頭而已；相形之下，直立猿人製作出阿歇爾時期（Acheulean）的手用斧頭，卻已具備我們今日熟悉的工具形狀，可以說此一早期的基本設計，已被人類持續使用了將近一百萬年。

上述種種，或許為菲里娜的成就感從何而來提供了一些解釋，但我也不免疑惑，我們是否誇大了對具象物體的熱愛？追根究柢，手部的操作並不能脫離心智；真正良好的體能勞動需要手腦並用，是一個結合創造力與解決問題能力的過程，既非憑空想，也非單靠做，而是既需思考又需勞作的活動。具有技術專長的製造工作往往擁有這些特質，就像馬修・克勞福德的機車修理業，表面上看來好像只有勞動面，但事實上為了解決問題，需要刺激大腦的思考，設想周全，才能達到滿意的結果，於是成就感油然而生，而像這樣的成就感——或者對此一成就感的追求——應該不只存在於製造工廠內，也會出現於辦公室的作業中。

如果製造物品的喜悅與人類的自然演化有關，那麼我們便應注意，切勿對此需求過份專注。科學作家馬特・雷德利（Matt Ridley）指出，現代人的行為與演化的初衷已有明顯落差，舉例來說，人類身體的構造使我們渴望糖分，因為過去要吃到水果非常困難，但此一演化固然加強了早期人類求生的本能，對現代人來說，我們對甜食的熱愛，卻已造成了健康上的負面影響。

我們對於製造工具的過度渴求，是否將有礙於經濟演化到下一階段？我們對製造業無盡的嚮往，是否應解讀為我們不懂得欣賞非體力勞動的價值？我想用一個虛構的例子，對這些問題做詳細的分析，姑且稱此案例為「花式毛巾專賣店」。

我的問題如下：設想有個工廠大量產製相對樸素的毛巾，批發價為十英鎊；另有個花式毛巾專賣店，將工廠大量產製的毛巾陳列在設計優雅的櫃子上，給這些毛巾一個溫馨的品牌，並用漂亮的皺紋紙包裝起來，然後以二十五英鎊的價格出售給滿意此商品的顧客。這兩者之間，誰對生活的貢獻比較大？

毛巾工廠位於城外，僱用穿藍領制服的員工，他們看到經過自己雙手操作之下，毛巾一盒一盒地堆疊起來，每天下工時，都能獲得具體勞動經驗帶來的滿足感。在另一方面，毛巾專賣店位於市中心的精華地段，僱用穿著時尚的員工，每當有顧客上門時，就提供精心服務使客人感覺良好。他們討論浴室的裝潢、顏色的搭配與毛巾的柔軟度，他們對顧客的毛巾需求顯得興味十足，在店裡播放優美的背景音樂，增添顧客選購的樂趣，並且追蹤記錄毛巾買賣的流行趨勢，以便做為下次向工廠訂貨時的依據。

比較這兩項經濟活動，毛巾工廠創造了十英鎊的價值，毛巾專賣店創造了十五英鎊（即二十五英鎊的售價減去十英鎊的進貨成本）。我想大多數人的本能反應，都會覺得毛巾工廠在這個產銷供應鏈裡，比毛巾專賣店更重要，而且雖然我在這個例子中，故意讓專賣店的利潤高於毛巾工廠，多數人的價值觀也仍然不會改變。

為什麼呢？首先，因為我們認為，如果沒有人在工廠裡生產毛巾的話，專賣店根本無法生存，所以專賣店需要毛巾製造業者的存在；而且，就算沒有這家開價二十五英鎊的專賣店，超級市場可能也會直接從工廠的盒子裡販售貨品，價格只要十八英鎊，那麼消費者不但可以買到相同的毛巾，還能節省七英鎊；再說，一條毛巾可以使用很久，但顧客們在專賣店裡享受的購物氣氛稍縱即逝；尤有甚者，當你把專賣店所有花俏的包裝丟棄以後，剩下的仍只是同一條毛巾。所以，一般人很容易覺得專賣店有些虛偽，彷彿是老來俏。

這些都是相當自然的反應，但現在請容我由專賣店的邏輯來思考。在現實世界裡，市場攤販和超級市場都會賤價販售毛巾，但有些人還是會寧可多花一點錢，在較為華麗的環境裡購物，所以，如果有足夠的客源能夠維持花式毛巾專賣店的生存，我們憑什麼指責這些消費者是浪費金錢呢？其次，毛巾專賣店確實需要製造業者的存在，但毛巾工廠不也需要商家銷售他們的產品嗎？毛巾工廠固然可以在專賣店以外的地方販售毛巾，但如果沒有毛巾可賣，專賣店難道就不能改賣其他商品？

確實，當顧客消費的喜悅褪去之後，毛巾的實用度不減，但如果店員給予顧客適當的建議，使之買到稱心如意的顏色與材質，這個效果並不見得那麼短暫；不過就算短暫吧，又如何？

我認為當人們在比較製造業與銷售業的差異時，很容易受到演化的直觀所左右，傾向從維生經濟去思考，好像仍處在各種物資都仍不敷使用的狀態中。如果東西的確不夠用，而我們必須在毛巾工廠與花式專賣店之間做出取捨，則選擇毛巾工廠毫無疑問。但我們今天已不再處於這樣的情境，我們的選擇已非「有毛巾」或「無毛巾」，而是「又多一條毛巾」與「較佳購物經驗」之間的考量，於是在此狀況下，何者更趨理想，真有那麼黑白分明嗎？

我猜想本書的讀者群中，可能製造業支持者多於懷疑論者，而如果你是前者，我同意你的看法，製造業確實很重要，只不過我認為其他很多產業也一樣重要，各有千秋，不多不少。維生經濟、體質不良的工業經濟，以及現代富裕經濟之間，差異很大，我們應該根據真實的經濟環境去調整直覺反應，而不應以數個世紀以前的條件為今日的判斷準則。

那麼，忽略我們維生經濟過時的直觀，認清英國所處的現代經濟環境，面對今天製造業、鼓風爐，以及紡織業人口的遞減時，我們還應該感到憂慮嗎？答案：是的，我們是該擔心，在第六章裡我會解釋原因，但在那之前，我想先說明，為什麼我們不需要擔心到像很多人現在那種惶然不安的程度。

主要的理由，是因為英國製造業並未處於衰退中，它反而是我們經濟結構裡最有活力的一環，也是每年表現進步最快的產業。弔詭的是，正因它的成功，帶給一般人對英國工廠現況的錯誤印象：由於工廠的生產力與效率不斷提高，成本下降（或者成本增加的速度比其他國家慢），導致產品的價格下滑；而且因為只需較少的人力，即可達到相同的年產量，因此製造業的工作人數逐年遞減。易言之，雖然製造量增加，但因為工作員額被刪裁，你可能依舊認為這是一種產業衰退的跡象，那麼我們至少應該釐清，這是怎樣的一種「衰退」。

英國製造業的關鍵特色之一，在於我們增進產製能力的速度，比其他領域都更快，例如服務業與藝術界。針對這個問題，偉大的美國經濟學家威廉．鮑莫爾（William Baumol），在一九六〇年代曾做過研究。鮑莫爾在一九六五年與威廉．波恩（William Bowen）合寫了一篇論文，名為〈論表演藝術：剖析其經濟問題〉（On Performing Arts: The anatomy of their economic problems），接著在一九六七年，鮑莫爾又發表了〈不平衡成長的總體經濟：解剖都市危機〉（Macroeconomics of Unbalanced Growth: The anatomy of urban crisis）。

在解釋「都市危機」的文章裡，鮑莫爾舉了一個極佳的例子：半小時的法國號五重奏演出，相當於一個音樂家兩個半小時的工作量，但倘若有任何人想要提高五重奏的工作效率，樂評人和觀眾恐怕都會大不以為然。換句話說，今天演出五重奏所需要的人數，跟莫札特時代一模一樣。

這和汽車製造業的情況形成鮮明對比：Nissan 說在二〇〇〇年時，需要超過十個人的工時來產製一部汽車，但今天只需低於八小時即可；工廠有設備良好的機器，使製造流程更加簡易，並讓消費者獲得設計更精良的產品，而且迥異於法國號五重奏的情況，我們可以要求工廠員工提高工作效率。這也就是說，我們變得越來越會製造汽車，但是我們表演五重奏的方法，卻沒有什麼改變。事實上，我們在產製各種具體的物品上，都不斷地愈加精進，但大多數有關「人」的服務卻非如此，例如我們已經可以用較少的人力耕種農作物，但在高檔餐廳裡，迄今仍需要一樣多的侍者幫客人點菜、上菜；我們可以更有效率地產製公車，但每輛公車至少還是需要一位駕駛員提供服務。

這些簡單的觀察，隨著時間的逝去，造就的結果便是物品的售價會比其他東西相對變低，因為產製成本下降了。如果你需要買公車，價格會越來越便宜，但是如果你要搭公車，票價卻可能不降反漲；正如農產品可能降價，但在餐廳用膳卻依然價格不菲，因為最重要的成本是勞力。

這個現象從通貨膨脹的數據中，反應最為明顯。統計學家會製作「貨物」（多為製造業產品）和「服務」兩個不同數據，後者的通貨膨脹率總是超前，證明我們產製物品已比服務的速度快得多。

試想我們活在一個奇妙的世界裡，在其中人人都只消費兩樣東西：汽車和法國號五重奏。當汽車製造的效率越來越高之後，過了十幾二十年，將會產生什麼情況呢？

首先，年復一年，將有越來越多的汽車出產，但五重奏的演出卻不會增加，因為始終都需要相同人數的音樂家來演奏，而且他們的節奏永遠會按照樂譜。如果我們任由工廠毫無節制地產製車輛，那麼每個人最後都會有過多的汽車，於是五重奏的價格將會相對提高，汽車的價格則會下降，而價格的調整也將帶給車廠和樂團一個訊號：因為汽車製造利潤降低，所以產量需要減緩，但樂團卻需要擴張，於是某些工廠的員工會失業，然而樂團卻會招募新人。

這個虛擬的情節，其實就某個程度來說，正在我們的社會裡上演，汽車產製的數量快於想要購買的人口，消費者固然想擁有更多車子，但也渴望享受更多的五重奏，因此資源必須重新分配，從改善程度較快速的產業轉移到較慢的領域裡去。這當然是個過於簡化的例子，但重點是，一個經濟裡活力最旺盛的產業，往往也最容易成為負面報導的頭條新聞。

此外，資源轉移的方向，對服務業的需求持續增加，也使我們看到了消費者品味的改變。你或許認為，隨著產品的製造成本降低，價格下滑，應該會刺激消費者購買更多物件才對，但數據顯示，實情並非如此，儘管服務業的價格快速上漲，我們卻每年消費越來越多的服務項目，而正因服務業的利潤上升，一個運作良好的經濟，自然而然會不斷擴充服務業的領域。

服務的吸引力經常受到我們忽略，然而，如果比較歷年來每個家庭購物習慣的統計數字，我們將會發現，在一九八七年，一般家庭平均花費六二%的開銷在日常用品（即貨物）上，三〇%在服務項目；一九九七年，貨物的開銷佔五六%，服務佔三五%；但到了二〇〇七年，貨物在一般家庭的支出已低於收入的一半，僅剩四八%，但服務卻持續上升到三八%。比較過去這三十年來的變化，製造業每小時產值增加的速度高於服務業，造成服務業的價格快速上升，於是猶如稍早「汽車對五重奏」的例子所顯示，人力資源開始從製造業轉移到服務業，因為服務業的規模不斷擴充，不過製造業的工作雖然減少，每年的產量卻還是增加。

也就是說，製造業工作的流失，並非因為我們不珍惜工廠，或者因為我們不再產製物品的關係，也不能將之視為政府無能的指標，而是如本書第二章所曾說過的，各種引導經濟之「重大外力」影響下，難以避免的發展。隨著我們品味與技術的改變，經濟的走向也隨之變遷，這是一種成功的表徵，而非失敗，因為你也可以說，是我們製作產品的能力變得太好了，以至於我們毋須再辛苦產製不需要的多餘物件；但服務業的學習速度相對緩慢，需要更多的人手幫忙。無論你從哪個角度來解釋，總之，我們發現勞動人口有轉向服務業發展的趨勢。

倘若你覺得這些聽起來太理論化，或認為這只是用複雜的語言，緩頰國家經濟善良面所遭受的無情破壞，那麼容我再從歷史的角度尋找相關論述做說明。我們在先前的章節已經討論過穀物法，其設計初衷原是為了保護農民，正如今天有人希望保護製造工作者一樣。對十八世紀的人民來說，農業與食物想必相當重要，難怪需要保護，不是嗎？

事實上在一七五〇年，英格蘭的人口約六百萬，而有將近一半的人口務農，國家的食物生產過剩，需要外銷。在隨後的新世紀裡，工業革命的發生使農業產生巨大變化；農業的效率與生產力提高了，變成經濟中非常具有活力的產業。

有許多原因導致此一改變，例如大頭菜的出現，便是一項突破，讓農民休耕的土地可以獲得充分利用（從前農民必須用犁除草，不得不讓大片土地休耕，然而大頭菜卻可以留在土壤裡，用鋤頭除草即可，提高了農地使用率）；小麥與大麥越來越普遍，取代了低回收的作物如稞麥；沼澤地的開墾，也使這些地區原先相對低產值的活動——如捕魚、打鳥——被高密度的耕作活動所替代了。

而且在同一個時期，另一件事發生了：英格蘭人口暴增三倍，而在新增的一千一百萬人當中，只有十分之一從事農業，因此整體務農的人口，從原來將近全國的半數，下降到低於四分之一。在一八五〇年，英國務農的人口是全世界最少的。

這是英國經濟的重大成就，因為通常在此情況之下，一個國家生產的糧食將會短缺，造成物價上漲，但十九世紀中期已今非昔比，農業歷史學家馬克．奧佛頓（Mark Overton）便這麼寫道：「英格蘭史上頭一遭，人口與食物價格之間再無直接關聯……歷來頭一次，人口的增加，並未導致物價的上漲……。」

雖然因為戰爭與收成欠佳等因素，那段期間還是有物價上漲的時候，但整體而言，農業生產力的提高，保持了農產品售價的低廉。

一八五〇年，英國的食物進口已比出口多，但也開始大量外銷其他產品，因為許多新增人口從事農業以外的活動，於是在十九世紀期間，英國從農業經濟畢業，轉向了其他更高產值的活動。如果現代媒體回到過去的話，它們會如何報導當時的經濟潮流呢？想必它們會為農業重要性的遞減與工廠的擴張而備覺煩惱，並為食品業的貿易逆差而憂心忡忡。農業支持論者可能會疾呼，比起製造瑣碎的產品，農業才是維持生存的根本之道，尤其對農業界的失業現象及務農人口驟減感到焦慮異常。

但後來的事實卻將證明，這些論點是錯誤的，因為我們的經濟找到了比農業更高產值的活動。我們的農業並未滅亡，反而生機蓬勃；並非因為我們不了解糧食的重要，也不是因為我們讓工作人口湧向都市，而是因為我們已有足夠的糧食，因此可以把心思放到別的產業上去，同時因為製造各種物品的生產力大幅提高了，也使我們有能力大規模地進口農產品。

如果在兩個世紀之前，刻意把工作人口留在鄉村務農是件不理智的決定，那麼今天刻意產製更多的物品，只因為我們能，也將是同樣不理性的行為。一個感應靈敏、具有活力的經濟，自然會將資源導向較高價值的活動上去，這是無法避免的，因此從英國農業發展的故事中，我們知道今天也毋須為製造業的變遷而太過焦躁。我無意將這個比喻過度誇大，畢竟英國人口並未在過去二十年來增加到三倍之多，因而今天對製造物品需求的增長率，不像當時對糧食的需求那麼多，不過就長期趨勢而言，某個產業生產力的提升，反而將導致產業衰退的印象，其基本觀察卻是一致的，只不過到了二十世紀時，討論的焦點已不再是大頭菜，而變成了電腦晶片。

長期趨勢的觀察雖然有趣，卻也令人頭昏腦脹。一個產業怎麼可能一方面充滿活力、不斷成長，另一方面又同時在相對衰退呢？但這就是英國製造業的景況，至少一直到一九九七年為止是如此，而其實早在一九九七年之前，國內各界就常感嘆英國沒製造什麼東西了！可見這個感受本身，或許來自我們不願意接受經濟會自然演化的事實。我絕不是說英國的製造業一切仍很美好——細節將於第六章再做討論——但我認為在憂慮之前，必須先分辨好的與壞的。

一九九七年之後的經濟變遷急速加劇，我們的製造業除了長期趨勢所帶來的變化之外，還遭逢了一個巨大的外來影響：中國。突然之間，現代經濟的演化再也不是平常緩慢的腳步，而是爭先恐後地將工廠移往海外發展，英國快速的去工業化，仰賴國外進口的貨物到了從所未見的程度。

這個情況對我們有什麼好處？還有什麼是我們可以製造的？正如本章旨在說明，某些去工業化的發展是難以避免的過程，下一章我也將闡述，這些變化所帶來令你意想不到的正面效果。

5 — 我們失去什麼又獲得了什麼？

就在即將進入千禧年之前，我注意到有奇妙的事情發生了。製造產品變得好便宜，不管是在電器行、DIY貨架上、服飾店或是禮品店，你都會發覺，價格好像非常低。我那時正在考慮把一條舊棉被送洗，但我的伴侶卻不經意地說，買一條新的還比較便宜。他說對了！Argos店裡賣的新棉被——雖然是合成纖維的——一條只要十英鎊（合新台幣約三八六元），但是在倫敦乾洗一條棉被，至少需要二十五英鎊（合新台幣約九六五元）。

接著我在報上看到新聞，說英國的竊盜率降低了，但不是因為警察人數增加，而是因為耐用消費品降價。現在買台全新、合法的DVD錄放影機只要二十英鎊（合新台幣約七七二元），哪個竊賊還大費周章去偷二手的？

我和一個朋友走在國王路（King's Road）上，忽然看到有家商店在賣鞋，一雙只要五英鎊（合新台幣約一九三元），簡直便宜得出奇，尤其我們剛剛才在隔壁的星巴克（Starbucks），花了差不多同等的價錢喝咖啡。我感到非常不可思議，一杯咖啡竟然可以和一雙鞋同價！但後來我才發現，原來這雙鞋是潮流的一部分，因為在 Asda 超市，一條牛仔褲也是賣五英鎊。

那個聖誕節，我哥哥說起孩子們將會收到一大堆禮物，倒不是因為他今年特別慷慨，而是因為玩具變得好廉價，以往常相同的預算就可以買到多更多的東西。我那時也正納悶，家家戶戶開始蔓延、幾乎氾濫成災的聖誕燈火，是否也因賤價所致呢？

在上一章裡，我們提到隨著時間逝去，製造物品的價格會發生逐漸下降的長遠趨勢，但目前這個現象過於極端，顯然有什麼事情在發生，而且不只是生活中的小插曲，也反映在通貨膨脹的詳細數字裡。某些特別的產品——尤其是衣服和鞋襪——開始降價：一九九六年下降，一九九七年回漲，但一九九八年又降，然後就一年、一年降到二〇一〇年；耐用消費品也從一九九八年開始降價，持續降到二〇一〇年。

從一九八七到一九九七年間，英國貨品價格的上升速度比整體價格緩慢，但是一九九七年後的十年之間，通貨膨脹率的分歧卻變得非常醒目：當貨品不斷下跌之際，服務業相對變得越來越昂貴。這解釋了為什麼服務項目如現泡咖啡和乾洗的價位，竟要比鞋子和新棉被都來得更高。

你或許覺得像棉被、乾洗這類小事，不足以代表英國經濟的整體走向，但這是誤解。直到一九九七年之前，貨物與服務價格之間的差異，不過就如上一章提到的鮑莫爾效應而已，但一九九七年之後，兩個數字差距擴大的速度完全是另一回事，是由世上其他地方能夠低價組裝的物品所造成。尤其是在一九九〇年代末期，中國的崛起，將全球製造產品的價格一律壓低，因此在昂貴的西方國家製造這些貨品，已變得不再有吸引力。

許多在中國崛起之前就已經明顯的趨勢，中國進入全球市場以後，即刻變本加厲，其結果便是製造業者失業率的快速上升，以及製造產業在英國整體經濟佔的比例急遽下降，變化之快是一九九七年之前未能想見的。

然而數據顯示，英國製造業的產量還是在上升，所以舊的趨勢仍然明顯。成長與衰落同時進行。值得注意的是，一九九七至二〇〇七年之間，從英國把工廠外移到中國的公司，在統計上仍被當成製造業來看待，即使這些公司在英國本地已經不從事任何製造工作了。也就是說，這些公司的僱員——例如管理階層和行銷業務——都被當成製造業工作者，而他們坐在辦公桌前的工作也被當成是製造業來計算。

十年之間，相當於每年失去一萬份製造業的工作，而在這段期間，英國的整體失業率並不算特別高。事實上，英國經濟吸引了很多國外來的勞動人口，都找得到相應的職位，超乎很多人的想像。也因此對英國來說，這段時間的變遷速度之快令人咋舌，而變遷的時代，就是引起焦慮的時代，大家忍不住問：中國變成世界工廠以後，還有什麼東西是我們可以製造的呢？如果早在二〇〇七年之前，很多人已開始擔心英國在世界上所處的地位，那麼今天這個焦慮恐怕更要放大好幾倍，因為金融危機已經證明，我們所習慣的生活方式是無法長久維繫的。雖然相對於大多數其他國家的人民，英國人對中國崛起並非特別擔憂，然而經濟權力由西方轉向東方的事實，無疑影響了住在西歐和美國的每一個人，傷害了我們的經濟與文化優越感。接下來，我們便該統觀一下工廠東移的現象了。

在中國崛起之前與之後，大家對英國「去工業化」的焦慮感始終都有過度傾向。放大眼光來看，我們將工廠移向中國，並非因為他們已經變得比我們更好，而是因為一直到目前為止，中國的經濟還遠遠落在後面，其他的經濟選項較少，於是將製造業轉往中國，使我們能夠將資源運用在產值更高的活動上。

因為我們太容易被中國的進展震懾住，且容我進一步說明。一九八三年，也就是屬於中國的工業革命剛展開之初，中國人民的平均所得只相當於英國人在一七〇〇年——即英國的工業革命起步之前——的平均所得。中國的表現驚人之處，在於自一九八三年後的這二十年裡，中國造就了英國以兩世紀所達到的成績；易言之，中國工業化的進程，十倍於我們的速度。

這是因為中國比我們更精於操作嗎？抑或中國找到了製造業的祕訣，是世上其他國家都未曾發掘的？當然不是。今日中國比起十八世紀的英國有一個強大的優勢：中國並不需要發明工業化的概念，只需要改進即可。

中國的企業模式相對簡單：從生產的過程中學習。他們為西方客源產製物品，回報之一便是他們有機會學習西方如何從事製造的過程。產品設計與成本設備暫時都是進口而來，但當中國學會成功為西方製造貨物之後，便可採取這個模式為自己所用。

由外面觀察中國的成功，很容易令人自嘆弗如，歷史中已有諸多類似經驗，例如一九八〇年代間，美國對日本的經濟強勢大感焦心；十九世紀時，英國對德國的工業化也至為憂慮。當我們發現中國經濟成長的速率如此驚人時，格外容易感覺惶惑不安，因為我們看到，中國自一九九七年後的十年之間，每年的成長率都有十％左右，冥冥中便也以為這個國家將會以同樣的速度無止盡地發展下去。

這種想法是很自然的，卻也因此導致了駭人的推論：中國目前的人均國內生產總值約為英國的七分之一，設想從現在起，中國的經濟發展不斷以每年一〇％的速度提升，那麼二十五年之後，即將超越英國，而且再過另一個二十五年，便將成為我們的五倍。

數字幻想的推論，足以令人頭暈目眩，例如從蝌蚪的成長速度做推論，不消多久就能想像牠長成一隻大鯨魚。可見在現實生活中，推論非常容易誤導。誠然，一個特殊的潮流有可能持續很久，但更常見的狀況是，一個特殊潮流就是一種特例，或者無法長久維繫而在某個時間點開始倒退，或者曇花一現之後逐漸消聲匿跡。

中國不可能永遠以一〇%——甚至八%——的速度每年成長，當它越接近西方國家的生活水準之後，成長就會越加困難；因為它需要開始發明自己的成長，而不再只是撿現成已有的發明去應用。當中國和英國一般富裕的時候，中國無疑也會和英國一樣精熟於創新與發明，但相對於目前的經驗，它也將發現進入創新、發明的階段後，是多麼痛苦又緩慢的過程。因此，對於中國過去十幾二十年的快速成長，應該視為起始點相對低落的反映，當他們的人均國內生產總值達到我們的水平時，必然也將面臨與我們類似的困擾。

但是我也要說，大批英國工廠的職業流向中國，確實會製造獨特的焦慮感：我們是否應該停止購買來自中國的貨物，自己製造比較好？這個論點讓很多人動心，所以有必要進一步分析，什麼時候論點能成立，但什麼時候卻不能。我想從我去中國山東省所做的一個訪問來闡述。

從上海飛到煙台，只需一個半小時，一個人口相當於倫敦、但大多數英國人都沒聽過的城市。從機場向西有一條收費的高速公路，路上的車輛不多，因為中國是以預期未來需求的方式來建造基礎設施。在路上開了一個半小時之後，車子就抵達龍口市，一個在中國相對小的城市，人口只有六十三萬人（但已經比曼徹斯特多，如果不算城市外環的話），有一座發電廠和一座煉鋁工廠，但不覺得像個骯髒的工業城：馬路寬敞，古色古香，山腰上的一尊巨大佛像，據說是重要的觀光景點（我乍見時本以為有幾百年的歷史，但後來被告知是最近十年才蓋的，跟國際會議中心、高爾夫球場和旅館是同一期工程）。

龍口的現代化感覺上有點突兀：雖然旅館很大，但當《英國製造》團隊造訪的時候，我們只是非常稀少的客人之一，而且開車不到一兩公里，就會碰到寬廣的大馬路突然中斷，變成粗糙鄉村路面的情況；我們的地主很驕傲地向我們介紹肯德基炸雞店（KFC），因為他們想像這就是我們在國內愛吃的西餐，所以午餐時間他們便主動載我們到肯德基，然後自己去別的中餐廳吃好吃的，令團隊成員啼笑皆非。

我們去龍口的主要理由，是要去看一個典型的、從英國轉向東亞的製造工廠。這是一個由當地財團南山——擁有那尊大佛和煉鋁工廠——和英國最大西裝製造廠 Berwin & Berwin 合資的工廠，每年為英國市場製造將近五十萬套西裝。

Berwin & Berwin 是產製西裝的老手，一九二〇年由巴爾奈特．波爾溫（Barnett Berwin）

創建，他是十三年前由白俄羅斯來到北英格蘭里茲（Leeds）的裁縫師，後來兒子們也都加入公司，是個家族企業。今天，巴爾奈特的孫子莫爾坎（Malcolm）是公司總裁，現任總經理賽門．波爾溫（Simon Berwin）則是莫爾坎的兒子。有很長一段時間，他們的製造工廠一直是在里茲，素有「歐洲衣商」之稱的城市，約翰．巴倫（John Barran）在這裡發明了一種可以一次裁剪好幾層布料的機器，而也正是因為這個發明，後來才有了製造立即可穿之成衣的概念。一九七一年，Berwin & Berwin 將旗下擁有位於市區的三家工廠合併成一家，到了一九九〇年代時，他們眼看著城裡其他的紡織及成衣公司一家家關門大吉。

一九九〇年代末期，Berwin & Berwin 自知他們已很難繼續在城市裡製造西裝，因為成本實在太貴，不符合商業利益，於是在二〇〇〇年，他們將價值五十萬英鎊（合新台幣約一九二八萬元）的機器搬往匈牙利，在那裡設廠，造成英國國內數百人失業。賽門．波爾溫對這個決定很痛心，因為公司素有照顧員工的良好聲譽。

然而，事情進展速度之快簡直出人意表，匈牙利沒多久也已變得過於昂貴。賽門．波爾溫在二〇〇三年時表示：「我可能是在英國最後熄燈的人，但我不會是在匈牙利最後關燈的一個。」到二〇〇六年時，他的工廠再度準備搬遷了，在中國找到合資夥伴後，他的公司幫忙在龍口蓋了廠房，結果匈牙利失去了四百個工作，雖然相當可觀的製造設施仍留在那裡。

那麼，龍口工廠的表現如何呢？二〇一〇年九月，我一走進工廠就印象深刻，一萬九千平方公尺的寬敞空間非常明亮，僱用了一千三百人，採用最先進的德國、美國與中國設備。事實上，一個相同型態的英國工廠，跟龍口工廠看起來會幾乎一模一樣。

可見這裡並非如小說家狄更斯（Charles Dickens）筆下的血汗工廠，雖然工作非常辛苦。員工的薪資通常以件計酬，一週上班六天。我們最大的挑戰是去證實員工到底賺多少錢。我們被告知員工的月薪可達二千五百元人民幣，在當時約為二百五十英鎊，也就是每小時一．二英鎊（相當於今天的新台幣四十六元）。但另有人說他們的時薪是一．五英鎊（合新台幣約五十八元），只不過或許不是人人都可領到這樣的價碼，因為我也跟一兩個人談過，他們好像賺得比較少，所以我估計他們的平均時薪可能在八十便士至一．五英鎊之間，比起英國最低工資每小時六英鎊，節省了龐大的成本。

持平而論，中國合資工廠在他們的員工身上也做了投資，有很多人是從中國外地移民到此處來工作的，一般都要住宿舍，而住宿有補貼，看起來很像最基本的學生宿舍，四個人一間，很多都有電視和電腦。

城市和工廠裡都看不到幾個西方面孔，但我們還是見到了一位——強恩．富萊明

（Jon Fleming）——Berwin & Berwin 公司的駐廠經理。他是成衣製造機器的工程師，經常在國外工作，他說合資計畫進行得很順利，Berwin & Berwin 擁有四分之一的股權，並負責客源，而客戶們大多是英國耳熟能詳但製作向外發包的品牌，因此你或許對 Berwin & Berwin 不熟悉，卻一定聽過他們的客戶，例如 Austin Reed、Next、Ted Baker 等等。Berwin & Berwin 與南山的合作案例，是英國如何從生產者轉變成消費者的最佳典範。

很重要的問題是：我們應當如何看待這些西裝製造工作從英國流向中國、途經匈牙利的事實呢？這不是一個簡單的問題。這個發展有利於中國人民嗎？英國西裝消費者嗎？Berwin & Berwin 的股東們嗎？或者那些曾在英國工廠工作但失業的員工？

這個遷移對山東居民確實是有利的；工廠的作業雖然辛苦，工資雖然微薄，但還是比在偏僻的野地上艱苦求生更勝一籌。西方角度定義下的剝削，對一億五千萬名平均日薪低於一英鎊的苦力而言，可能是完全不同的看法。你或許會批評西方工廠在中國給付低薪資，剝削了迫切需要工作的中國勞工，認為他們應該獲得更接近西方水準的報酬。這些論述固然都有道理，卻仍不能抹煞西方公司來到中國僱用當地員工製造物品，為當地人民所帶來的好處大於壞處。

我個人認為，西方公司在中國投資，尤其是那些配合當地政府條件的工廠，為當地創造就業機會，刺激了整體薪資水準提升，有利於廣大的人民。中國決定進入製造與組裝產業，正是跟隨著本書第二章已經提過的原則，與世上其他國家一樣，把經濟建立在他們所擁有最豐富的資源上，亦即廣大的健康、有意願、且已做好準備到工廠工作的人力。此外，在此交易中，中國還獲得了一項額外的好處：正如他們從生產中學習的策略，中國公司從他們的國外夥伴處學得各種新技能，使他們也能造福自己的國人。龍口工廠便是一個好例子。

我在龍口訪問時，注意到廠內也大量生產一個叫 Paul Betenly 的品牌，我從未聽聞過，後來才知道，原來 Berwin & Berwin 的中資合夥人決定在同一個工廠裡加開一條生產線，專門為中國市場產製西裝，品牌的設計以當地品味為主，加諸一個虛擬的英國人名 Paul Betenly，很可能有意讓人與賓利（Bentley）汽車產生聯想。這個策略在歐洲不會成功，但在中國或許可以。暫且不看品牌，想想整個從零到有、設計一條生產線所需的時間與努力，從決定購置何種設備、如何分工、到達成世界知名西裝的製造水準，原需要數年的經驗，但南山在極短暫的時間裡便已學到了箇中訣竅。換句話說，Berwin & Berwin 的投資為中國所帶來的，除了工資之外，還有數字所無法反映出來的正面貢獻。

那麼從英國的角度來看呢？從外銷工作變成進口物品，我們又得到什麼好處？

我們可能需要一點算術來分析這個問題。製衣廠有相當複雜的生產線，每一套西裝的產製過程中差不多都得經過三百雙手，但一套西裝的完成，全部卻僅需二至三小時的人工，也就是約三英鎊（合新台幣約一一六元）的成本。Berwin & Berwin 表示，如果將製造流程留在英國，不會做得更快，品質也不見得更好，但一套西裝的最低成本至少得從十五英鎊（合新台幣約五七九元）起跳，因此遷移到中國，每套西裝至少節省了十二英鎊（合新台幣約四六三元）的工本費。

當然，額外的運輸費用必須考慮進來：運一套西裝回英國的成本是二英鎊（合新台幣約七十七元），也所以整個流程省下的金額約每套西裝十英鎊（合新台幣約三八六元）。當一年的西裝產量是四十萬套以上時，省下的金額至少便是四百萬英鎊（合新台幣約一億五四三六萬元）——高於在中國製造的所有支出。而這只是製造西裝的部分而已，另外可以撙節的部分還包括布匹：因為 Berwin & Berwin 現今可以直接在中國選購做西裝的布料，而在中國做一套典型的西裝，材料出奇便宜。在英國商店街上賣一套西裝約二百英鎊，其中只有不到五分之一的收入用在中國，其他大部分的支出都是 Berwin & Berwin 與批發商的花費。

既然節省下來的金額高達四百萬英鎊，那麼受惠者是誰呢？

這個問題不好回答。在一方面，如果 Berwin & Berwin 毫無競爭對手，而且是唯一一家搬去中國的廠商，那麼利益自然都會到公司去。可是在另一方面，比較切實際的情況是，英國的西裝市場有很多競爭，且有很多以同樣考量搬去中國設廠的對手，於是在競爭壓力之下，Berwin & Berwin 的利潤不會增加太多，但西裝的售價卻會下滑，也所以真正受惠的人是英國的消費者，他們才是這四百萬英鎊最終的回饋對象。賽門・波爾溫很清楚地表明，真正受惠的不是他的公司，而是顧客，因為得以享受價格低廉的產品。這個論點並非空穴來風，從英國的物價指數中，我們已經很明顯看到了消費物品價格的下跌，這是英國消費者們獲得的優惠。

綜上所述，中國受益，Berwin & Berwin 的股東與顧客們分享了四百萬英鎊撙節省下的開銷，豈非皆大歡喜？倒也不盡然，因為有一個因素我們尚未計算進去：失業的英國傭員。稍早提過，英國員工每做一套西裝約賺十五英鎊，這也就是說，每年共有將近六百萬英鎊（合新台幣約二億三一五四萬元）的員工薪資，因為產業外移而一筆勾銷了！對這些員工與其家庭來說，沒有任何低價產品可以彌補此一損失，何況六百萬減去四百萬，還有二百萬英鎊的逆差。

唯有當失業的英國傭員能夠找到等薪的新工作，他們才算幾乎沒有損失，而且產業節省了四百萬英鎊，並讓消費者獲得了便宜的產品。

實際資料顯示，大部分失業的英國員工確實都會找到新工作，只是薪資會比先前的條件差，因此計算的結果是這樣的：最壞的狀況下（亦即沒有人找得到新工作），那麼國家其實將損失二百萬英鎊；最好的狀況下（亦即每個人都找到了相當薪資的新工作），則國家將會多四百萬英鎊。換句話說，如果英國希望產業外移之後不產生負面影響，那麼至少需創造價值二百萬英鎊的工作來安置失業的人口，這將使國家至少保持與先前同等富裕的程度，只是需要很多結構上的重新調整。在這個模式中，勞工是輸家，雖然顧客和 Berwin & Berwin 的股東是贏家。

這些計算聽起來很複雜，但它幫助我們更具體掌握失去製造業工作的多重面向。即使 Berwin & Berwin 遣散的員工後來只能找到半薪的工作，產業流向中國的結果，英國整體還是變得較富裕。在這個層次上，顧客和股東利益大於勞工利益，而此一模式可以套用在過去十年之間，移向國外的多數製造產業。對英國整體來說，國外的廉價勞工帶來了低價產品與較高利潤，雖然要付出英國勞工失業或較低薪資的代價，卻達到了讓國家更富裕的目的。

這是冷血無情的計算方式，因為完全不考慮誰在這個過程中受苦或受益。我認為一個社會如果做了一個使自己更富裕的決定，但此決定的結果是讓很多辛勤工作的低薪階級付出代價、承受苦果，那麼就必須設計更周延的福利機制扶持這些個人及家庭。不過我也要指出，將工作移向東亞，使許多英國勞動人口賺錢的能力受損，但同時也增加了低收入戶的消費能力，使之能夠負擔比從前更多的生活用品，無論從手機到微波爐等，比比皆是。如果產品的製作成本不因產業外移而下降的話，這是難以達成的結果。

換句話說，當我們在思考國家的經濟前途時，不應只從單一的生產者角度，也應從消費者的角度做雙向思考。在計算利潤與成本時，不能忽略勞工的利益，但也不能將之當成唯一的準則；從稍早提過 M&S 的經驗中，我們已經知道勉強把產業留在英國，終究無益。與中國合作所帶來的短期痛苦雖然激烈，但也將為國家帶來巨大的長遠利益。

此外我也想指出，這個世界不停運轉，本章開頭所舉證物品價位大幅下跌的趨勢不可能永遠持續，而停頓的跡象已然開始。或許因為所有能外移到中國的產業都已經外移了，因此進入二十一世紀之後，迫使英國物價劇烈下降的壓力已達飽和。誠然，我們可能開始看到物價的反彈回升，因為中國不可能永遠那麼便宜，正如日本也曾經從低價低品質物件的經濟模式，蛻變成全球最先進的製造國度，中國經濟的發展也將越來越接近英國。

或許有些製造產業應該開始移出中國了（例如紡織業者告訴我，越南尚有很大的發展空間），有些甚至應該移回英國。這並不代表先前移向中國的決策是錯誤的，只是再次證明，彈性經濟不斷調整是很正常的事而已。除了潛在的「中國效應」或將開始解除之外，中國的工業革命也造成了原料價格上漲。突然多出十億人口過著已開發經濟的生活模式，不可能不產生任何影響，但是原料成本的提高，與其說是工廠移向中國所帶來，不如說是中國走向富裕之後無法避免的結果。

我知道以上論述聽起來，可能對英國製造產業外移的現象顯得掉以輕心，但其實還有另外一個理由，使我對英國的去工業化不像多數人那麼擔憂：當我們將機器、工廠和工作移向外國時，我們仍將最好的部分留在英國。英國仍有製造業，而且多是產值與報酬較高的產業。顯而易見的，我們並未失去產製的能力，我們只是停止生產許多較簡易的物件，而將國內資源集中在製造較富挑戰性的成品。我們還是有充分的理由為自己所能做的感到驕傲。

一個富裕經濟下的現代製造業應該做些什麼？以下是三個實例：高端航太工程，以英國的 BAE Systems 為代表；還有專門領域中的利基產品，例如 Brompton 折疊腳踏車及 McLaren 跑車。這幾個實例向我們展示，在過去十年中，還有多少產業沒有移向中國，它們又有什麼特色。

如果有任何一個工業領域是英國稱得上箇中菁英的，那麼首推航太產業。我們從小就學到很多英國在太空方面的成就，並為兩款著名的飛機而自豪：噴火戰鬥機（Spitfire）與協和式飛機。另外再加上海鷂式攻擊機（Harrier），以及第一架商業噴射式飛機——彗星（Comet）——便可知我們雖然有過失敗的教訓，但仍有許多值得驕傲的地方。在報導英國之戰（Battle of Britain）七十週年紀念時，我曾乘坐噴火戰鬥機翱翔，真是三生有幸。起飛之前，我曾被警告可能會想嘔吐（規則是：誰弄髒的，誰就得負責清理），我很慶幸一點兒也不覺得暈眩。載我飛行的駕駛員約翰．羅曼（John Romain）在空中翻滾盤繞，但最令我讚嘆的，是飛行速度可以降到每小時六十五英里，但引擎毫無滯澀，我從不知道原來人造物件也可以用這樣的速度在天際逗留。

二〇一〇年，國際上前百大航太製造廠中，英國公司佔了十五家——比法國、德國、義大利、西班牙與荷蘭相加起來還多。當然，這些公司都是全球性的機構，許多（或大部分）的工作都在英國境外進行，但毫無疑問的是，在航太領域裡，英國是僅次於美國的第二大產製國。

BAE Systems 是英國最大的航太公司，也是我們最大的製造廠，於一九九九年由英國航太（British Aerospace）與 GEC 的國防電子暨造船公司——馬柯尼（Marconi）——合併組成，投資成本七十七億英鎊（合新台幣約二九七三億元）。值得一提的是，這個組合的結果，使 BAE Systems 除了航太之外，也有龐大的造船能力，公司員工達十萬零七千人，其中有四萬人以英國為基地。BAE systems 的客戶遍布全世界一百多個國家，二〇〇九年的銷售值達二二四億英鎊（合新台幣約八六四九．五億元），是全歐洲最大的國防承包商，與洛克希德．馬丁（Lockheed Martin）公司及波音（Boeing）公司在全球市場鼎足而三。

BAE Systems 的源頭可以追溯自二十世紀初期飛機的起始：一九〇八年六月八日，首次有英國人——艾略特．維登—洛（Alliot Verdon-Roe），在薩里（Surrey）的賽車場成功達到動力飛行。兩年之後，維登—洛和弟弟聯手在曼徹斯特建造飛機，並在一九一三年一月註冊登記了維登洛公司（AV Roe and Co）。

維登洛公司是當時紛紛冒出頭的小飛機公司之一，包括 De Havilland Aircraft Company、Sopwith Aviation Company，以及 British Aeroplane Company等等，其中最重要的是約翰．達文波特．西德利（John Davenport Siddeley）的西德利自動車公司（Siddeley Autocar Company），先從製造四汽缸汽車開始，接著轉向了飛機的設計。第一次世界大戰的爆發，刺激了飛機工業的起飛，大戰開始後的頭十個月間，英國共製造了五三〇架飛機，到大戰結束前的十個月內，這個數字上升至二六六八五架；這個摧毀了無數產業的戰爭，對英國航空工業來說，竟扮演了催化劑的角色。

接下來的故事便是一連串的整合與兼併，從許多小公司演變成少數大公司的局面。瓦斯渦輪機的發明為噴氣引擎鋪路，商業航空公司的時代來臨，英國公司開始和美國公司如波音與道格拉斯（Douglas）互爭雄長，雖然英國飛機的技術優良，但卻缺乏美國公司的容量，於是到了一九六〇年，英國政府制定了整合策略，成立英國飛機公司（British Aircraft Corporation），以便擴展航空工業在國際上的生存空間。

一九六〇年代間，英國成功發展出許多新的機型，例如 Vickers VC10、鷂式戰鬥機（Harrier）、獵迷反潛機（Nimrod），以及英法合作的協和式飛機——號稱最美麗的飛機，可惜在商業用途上始終不曾達到原先的預期。一九七七年，英國政府決定進一步將所有英國航空公司整合成一家國有企業——英國航太——並於一九八一年上櫃，接著在一九八五年轉成私營。兩年之後，英國航太已是全歐洲最大的航空公司，並持續成長、蛻變迄今。

BAE system 所產製的物品與傳統製造業——如紡織業——可謂截然不同。飛機設計屬高端、高技術產業，BAE Systems 在英國僱用的四萬名員工中，有一萬八千人是工程師，雖然並非人人都是大學畢業生，但他們都完成了公司提供的四年培訓課程，獲得了職位所需的相關物理及工程知識；相較於低薪資、低技術的工作，航太產業不能為了降低成品而輕易轉移陣地。BAE Systems 英國境外的員工多在美國與澳洲——亦即與英國類似的已開發經濟，擁有同樣訓練完善的高技術人才庫。

從 BAE Systems 的設備中，我們即可一窺其投資的龐大與複雜程度。他們位於蘭開夏的工廠，可容納五千名員工，有一九七個足球場那麼大，我參觀了其中最新的鑽磨廠，但偌大的廠房裡，跟我們一般想像凡是與「鑽」和「磨」有關的噪音、油汙、大批人力結集等情況迥然不同：鈦鑄件進來被磨亮，然後被鑽上五十微米（μm）的孔（人的毛髮為二十微米）。因為鈦極其堅硬，機器裡的金剛石切割工具每三十分鐘便須更新，一年的花費達一千二百萬英鎊（合新台幣約四億六三五二萬元），但非常值得——進廠的鈦鑄件約價值十萬英鎊（合新台幣約三八六萬元），離開鑽磨廠時身價便漲了兩倍。這些設施的服務對象包括美國政府的聯合攻擊機在內。

BAE Systems 的工作非常專門且超高價值，植基在我們長久以來所建立的優勢上，累積了多年的經驗、知識與投資，並與全球整合——和合作夥伴們共同研發颱風戰鬥機，也發展出全球性的外銷市場。

我訪問了負責英國業務的奈吉・懷特赫德（Nigel Whitehead），問他為什麼 BAE Systems 要賣掉空中巴士（Airbus）的股份，離開民航機領域，專注於國防？他的回答是：民航機太容易產製了！其他國家（如巴西）也能做，英國航太不想勉為其難，寧可做最拿手的而別人跟不上的。——這與本書稍早曾提過，彈性經濟需不斷調整因應，朝更高產值方向移動的原則不謀而合。

對於國防產業中如此重要的製造廠，居然曾經涉足英國重大詐欺犯罪偵查署（Serious Fraud Office）的貪腐調查案，許多人可能感到忐忑不安，然而無論你對此一產業——批判者稱為「軍火」，支持者稱為「國防」——英國航太至少為本書的一個問題提出了解答：「英國今天還製造任何東西嗎？」是的，一些外國人想購買的非常昂貴的東西。不過就商業面來說，國防產業還是有缺陷：外銷有其限制。例如中國或許有意願想買颱風戰鬥機，但歐洲供應商並不被授權賣給某些國家。

製造公司知道，任何競爭優勢都是短暫的，所以永遠都在尋找下一個重要的發明。颱風戰鬥機雖然高品質、高科技，但其上架壽命卻是有限的，因此，為了公司長遠的將來，必須採用不斷更新的技術繼續創造新的產品，其中一個研發領域便是無人戰鬥機（Unmanned Combat Air Vehicle，簡稱 UCAV）。二〇一〇年七月，英國航太推出了無人機 Taranis，融合了祕密科技與人工智慧，可以在世上任何角落透過衛星遙控。這又是鉅額投資：試驗機花費了一億四千三百英鎊（合新台幣約五十五億二三六〇萬元），但這便是捷足先登所必須付出的代價。

英國不只在高端工程獨佔鰲頭，也在利基市場有所斬獲。許多英國公司決定不和外國公司在大眾市場上競爭，轉而尋求某些產業中的特殊面向，其中一個良好案例便來自腳踏車製造業。

你的第一個問題可能是：誰是英國最大的自行車製造廠？而你的答案可能是：萊禮（Raleigh）。過去確實是如此。在一九五〇年代，萊禮公司一年產製超過一百萬台自行車，不只銷售英國（市佔率達七五％），也外銷全球。但到了一九八〇年代，已經時不我予，英國市場充斥著從法國與台灣進口的腳踏車，萊禮公司雖然有投資在新技術上，但做了一個錯誤的決定，沒有採用其他廠商都在使用的又輕又便宜的鋁合金車身。直到英國自行車產業在二十一世紀復興的幾年之前，萊禮公司已經關掉了位於諾丁罕（Nottingham）的工廠，全面停止生產自行車，專攻銷售業務。

那麼誰是今天英國最大的自行車製造廠呢？答案：一個由安德魯．瑞奇（Andrew Ritchie）在一九七〇年代成立的公司。瑞奇擁有大學工程學位，畢業後從事景觀園藝，但後來有了折疊腳踏車的構想。折疊腳踏車本身雖不是新發明，安德魯．瑞奇想到的卻是一種嶄新的折疊方式。其他模型折疊起來都是半個車身，但瑞奇的設計是讓整輛車可以折疊，因此能將自行車折到最小，對通勤者非常實用。瑞奇先在自己的房間設計樣品，從窗外望出去是 Brompton 教會學校，於是決定將產品命名為 Brompton 折疊腳踏車。

跟世上所有自行創業的企業家一樣，瑞奇試圖尋找資金，具體實現自己的構想，但面臨諸多困境，經過了多年的掙扎，直到一九八〇年代末期才得以開始正式生產，而二十年之後，其位於西倫敦的工廠已經可以每年產製二萬五千台折疊自行車，卻仍供不應求，顧客的等待期長達二至三個月——顧客群不只在英國（佔公司客源的三〇％），也來自德國、奧地利、法國、挪威、瑞典、丹麥、南韓、荷蘭與西班牙。一九九六年，德國腳踏車聯盟（Allgemeiner Deutscher Fahrrad-Club）將 Brompton 選為「年度自行車（Bike of the Year）」。

Brompton 折疊自行車或許不像 BAE Systems 的颱風戰鬥機那麼高科技，但其獨特的方式也是一項工程傑作，每一輛腳踏車都由一千二百個零件組成，其中有九百項是 Brompton 的獨家，且對細節的要求無與倫比，一九九〇年代初期也曾委託台灣廠商代為製造，但後來發現品質管控很難掌握，才知道原來 Brompton 是無法用大眾市場的模式去生產的。

Brompton 自行車的相對高價（每台銷售價格為六百至一千五百英鎊之間，合新台幣約二萬三一七六至五萬七九四〇元）並沒有讓潛在顧客打退堂鼓，事實上，它們的相對稀有性與高期許性，使人們更想擁有——這正是所謂利基市場的賣點。Brompton 或許沒有 BAE Systems 的規模那麼龐大，但現任總經理威爾·布特勒–亞當斯（Will Butler-Adams）一樣熱中投資新型號，除了繼續改良現有的基礎設計之外，公司未來的計畫指向製造電動車款，並期望推出時，將可再度改變市場趨勢，永遠領先競爭對手一步。

另一家持續想跑在競爭對手之前的英國公司，是跑車公司 McLaren。除了比法拉利擁有更悠久的賽車歷史之外，McLaren 的一級方程式（Formula One，簡稱 F1）車隊一直有令人豔羨的賽車成績，過去幾年來已摘下十二次賽車手冠軍杯——包括詹姆斯·杭特（James Hunt）、亞蘭·普魯斯特（Alain Prost）、艾爾頓·西納（Ayrton Senna）與路易士·漢姆頓（Lewis Hamilton）等人在內。我知道 F1 是一個大型產業，而且以英國為主，除了 BMW Sauber、法拉利，以及一兩個小型的車隊之外，其他所有的製造廠都把總部設在英國。這些公司的聚集之處，有時被稱為「賽車谷（Motorsport Valley）」，橫跨牛津夏（Oxfordshire），為英國經濟帶來許多契機：F1 的收入來自全球各地，在英國本土則開闢了四萬份相關工作，其中二萬五千人是工程師。

有趣的是，McLaren 不僅是 F1 製造商而已，也想利用在賽車界建立起來的信譽打入路面汽車市場，不過他們的目標並非一般汽車，而是結合 BAE Systems 般高科技與 Brompton 自行車般利基需求的超級跑車。McLaren 已有針對尖端市場產製汽車的經驗，例如與賓士汽車（Mercedes）合作的 SLR，不過二〇一一年推出的 MP4-12C，則完全是 McLaren 一手包辦。他們為此新車在沃金（Woking）蓋了一個特別的技術中心，總裁榮恩·丹尼斯亦向我解說公司的經營理念：

這是一種觀念模式……當人們走進來，經過不同的路面加工時，我們讓他們洗腳……我們也希望改變他們的心態，讓他們進入平靜的狀態，這也是我們整棟建築想要達成的境界。我並不喜歡在桌上擺放各種私人物品……我們禁止員工在工作場所吃喝，因為這是你工作的地方……我們專注於成為佼佼者，因此你必須有一種特別的思維，在某個程度上成為 McLaren 的內建基因。

穩健經濟的大原則之一，便是要集中資源做最擅長的事。F1 賽車的連結自然帶給 McLaren 極佳的行銷網絡，但公司本身也必須提得出優秀的創新工程。他們目前已成功產製出碳纖底盤的汽車，價格比對手便宜了一半，預計一年生產一千輛，並在二〇二〇年之前達到每年生產四千至五千輛的目標。

BAE Systems、Brompton 與 McLaren 並非英國工程唯一的成功實例，本書稍早談過 GKN，我們還可以介紹其他公司如 Cobham 或 Meggitt，兩者也都有十數億英鎊的全球營業額，但重點是這些公司全都深諳創新、設計、研究與發展的重要性，因此不斷向上提升，並持續開發新產品。高價值產業在創造智慧財產上的優勢，與它們在製造具體物件上的能力等量齊觀，而智慧財產對我們的經濟無比重要，所以稍後的章節便將以此為主題。

然而在討論智慧財產之前，我對製造業尚有許多未盡之言，所以繼本章對英國製造業小小的勝利巡禮之後，下一章便該談談各種未盡理想之處了。

6 進步空間

到目前為止，你讀到的都是有關英國製造業近乎過分樂觀的陳述：充滿活力與產製能量；讓很多產業轉移到中國的決定可能是正確的；我們仍跟從前一樣生產很多東西，而且都是高產值的頂尖成品。那麼我們豈非應該高枕無憂？——我猜想很多讀者對上述論點一直都帶有疑慮，我必須承認，其實我也是。

舉個例子：二〇一〇年九月二十三日，當時世上最大的離岸風力農場在肯特（Kent）外海開張。柴聶特離岸風力農場（Thanet Offshore Wind Farm）有一百座風力渦輪機，可以生產三〇〇百萬瓦（megawatts）的電力（相當於二十萬戶家庭的用電量）。姑且不談我們是否需要綠能，以及風力——尤其是離岸風力——是否為英國最恰當的綠能來源，很多國家都已先後決定投資在這項科技上，全球產業總值達數百億英鎊，而無論你贊不贊成，反正英國政府已決定風力將是國家重要的能源之一。

在風力能源的發展上，英國落後美國、德國、中國和印度甚多，也比不上法國、義大利與西班牙，但如果要談離岸風力（此乃最高端、技術最困難也最昂貴的一種），則我們比任何國家都裝置更多，是全世界最大的生產者。

如果我們擁有最大的市場，你可能會覺得我們成為領軍全球的離岸風力技術製造者，理所當然，你也會認為我們可能正向全球各地外銷高產值渦輪機，因為各國都想在這個快速變遷的產業裡跟上我們的腳步。常態確實應該如此：公司會在國內活躍的市場上發展出獨到的專長，然後運用這項專長征服本產業的全球市場。然而英國業界卻未遵循這個模式。柴聶特離岸風力農場無疑是個令人印象深刻的成就，花費七億八千萬英鎊（合新台幣約三〇二億元）建造，但只有二〇%至三〇%的成本用在本土承包商的計畫上，而且工廠屬於瑞典國營企業 Vattenfall 所擁有，當 Vattenfall 公司從柴聶特的電力獲取收入之際，英國反而需要向瑞典進口風能。我在這裡無意指責瑞典，也不是說讓瑞典加入是錯誤決定，畢竟如果 Vattenfall 比我們更精於建造風力農場，那麼我們自然不應獨立作業，不過在此領域中我們居然沒有屬於自己的、能力相當的公司，的確令人大失所望。

早在一九八〇年代，風力發電科技還在起步階段，位於蘇格蘭格拉斯哥（Glasgow）的工程公司——豪登（Howden）——已展現了領先群倫的企圖心，於一九八四年在美國加州建造了當時世上最大的風力農場，不過計畫一再遭受機器故障的挫折，導致豪登公司最後完全撤離了此一產業。基本上，豪登的問題在於設計的野心太大：當時多數的渦輪機約莫是十九至二十公尺高，但豪登不僅缺乏經驗，還選擇一步登天，從原先小規模的樣本，一下就晉級到三十一公尺高的最後模型。除了規格之外，豪登的大渦輪機並不穩定，表現遠不如其他較小型的機器理想。

豪登對風力渦輪機的興趣在一九八〇年代末期遭擱置，倒也無可厚非，因為其時並無市場需求。當時英國的中央電力生產委員會（Central Electricity Generating Board）也曾考慮是否應研發不同的渦輪機，但因一九八〇年代的能源工業界還是最注重核能與天然氣，於是不了了之，孰料幾十年之後，當風力渦輪機的時代終於降臨英國時，斯堪地納維亞國家已經在此產業收割成果了。

風力農場在英國的歷程，跟電腦斷層掃描系統（EMI CT scanner）的發展不謀而合，都是英國錯失良機，從而與市場領導地位失之交臂的具體例證，因此我們不禁想問，這些失敗經驗有共同模式嗎？我們有哪些地方可能做錯了？

在調查各種事例的過程中，我發現每個個案都有獨特的因素——或者純粹因為壞運氣，或者出於不當的、但卻具有關鍵性的商業決定所致——因此很難理出具有普同性的教訓。然而俗話說，練習越少，運氣越差；每個案例固然都有自己特定的問題，我們卻不應以此為藉口而一再重蹈覆轍。我們應該捫心自問，是否做了某些決定而提高了不良結果的機率？這是我們必須面對壞消息的時候了。

儘管英國的工業有諸多正面發展，但很多製造業擁護者仍然擔心我們的經濟並不完善——他們的看法並非空穴來風。英國有史以來的特質之一，便是強烈的消費者文化，因此和其他國家相形之下，我們較少儲蓄和投資，而這對我們的經濟結構產生了某種影響，導致過小的製造產業。沒有人能說這是我們未在柴聶特投資風力農場的原因，但我們有理由相信，當一個國家缺少儲蓄和投資時，就比較可能走上讓其他國家代為投資的處境，同時，當產業面臨困境時（例如在加州的創新風力農場遭逢機械故障的瓶頸），也比較容易造成致命傷，而非僅是過渡期的短暫難關而已。所以問題究竟何在？

稍早已經提過，戰後英國的收支平衡出現兩個現象：首先，猶如本書第一章所指出的，貿易赤字並非缺乏外銷能力的反映，而是呈現了國人花費多於收入的傾向；其次，我們發現英國在多數時候都是處於逆差狀態，這表示和世上大部分國家比較起來，我們的支出總是大於進帳。說得更明白一點，做為一個國家，我們年復一年向國外貸款，或者出售資產以便支付進口所需。我必須強調，這個數字雖然並非過於龐大——過去三十年來，每年平均逆差值是國庫歲收的一．五%——有時候一些很小的長期性赤字並不值得憂慮，不過一．五%已經超出我們可以視而不見的範圍了。

值得一問的是：如果目前一切運作都尚稱良好，那麼我們是不是應該開始多存一點、少花一些？也就是少一些進口，多一些外銷，多一點製造？對這所有的問題，答案均為「是」，只不過正如所有經濟上的問題，答案也都非百分之百，因為很難確認何種程度才是「正確的」儲蓄水平。換句話說，如果過去數十年來英國有犯錯的話，錯的不是我們產製他國需求物品的能力，而是整體經濟：包括投資成本的提供；貨幣兌換匯率（受到儲蓄水平的影響）；限制英國公司的各種困難條件，使英國製造業者（除了很小部分的產業之外）在下決策時，變得比較容易缺乏野心。

如果上述分析屬實，那麼問題就不是公司本身，也不是英格蘭銀行、財政部或是政府負責商業運作的部門，而是我們——是我們的集體行為造成了製造業者面臨的困境，也因此必須正面探討為什麼我們家庭收入的儲蓄比例，十多年來都是七大工業國中最低的？我們在硬體成本的投資上（包括房屋建設、道路設施、工廠營造等等），也一直都是最少的？

這兩個問題可以說是一體兩面，因為家庭儲蓄的存款有可能被公司拿來投資蓋新工廠，所以存得少，投資就相對少。

整體而言，英國民眾很少儲蓄，我們不習慣把錢存在銀行的儲蓄帳戶裡，也鮮少購買退休基金或人壽保險，於是當財務機構必須借錢或買股票時，他們就得小心翼翼去考慮很多問題，因為他們沒有能夠充分運用的存款當投資工具。也就是說，我們存款的多寡，對我們財務機構的行為會產生直接影響。

在這個極度簡化的解釋架構裡，我們的低存款額導致了低投資率，從而帶來了一個重要的結果。如果你仍記得我稍早曾提到過的一個經濟原則：每個國家通常都會把經濟建立在他們擁有的豐富資源上。既然英國缺少投資的基金，自然就會去發展比較不需要龐大成本的工業，於是逐漸遠離了製造業——一個需要蓋工廠、購買昂貴器材的產業——而走向僅需添購辦公桌和電腦等用品屬性的工作。

換句話說，每個個體儲蓄或消費的決定，會集體影響我們的經濟結構——這個因果論聽起來黑白分明，但畢竟是過於簡化的陳述，在實際操作上，我們每個人決定要存多少錢，以及一個國家會有多大的製造產業之間，雖然有關聯，卻不直接，而且十分複雜。我們的經濟不只包括家庭和企業等兩個元素，還有政府，加上我們會跟其他國家貿易，所以並非所有存款都會進到產業裡，何況我們可以投資英國公司或外國公司，可以透過基金市場把錢借給政府，還可以透過房貸市場把錢借給購屋族。很多的資金來自公司盈餘的利潤、海外存款，以及政府投資。所以，一個國家存款的金額、投資的額度，以及製造業數量之間的連結，並不足以強烈到讓低家庭存款摧毀製造業，或者高家庭存款即能重建製造業的地步。不過可以確信的是，高度的儲蓄和投資金額對製造業的發展一定有正面幫助；而消費過大的國家，通常擁有相對較小的製造工業。

家庭存款除了可能成為產業的投資來源之外，國人的消費習慣也會影響企業的決策，考量應從服務國內大眾，或從外銷產品賺取最大利潤。再者，存款的動向決定匯率，從而又成為企業決定進口或出口的重大誘因。

要進一步闡釋我們個人的決定如何間接影響國家經濟，請試想有個小型的都會國度，工廠的操作非常成功，國人存款很多，在國內外皆有投資，工業界可以從國內及國外取得所需資金，國家也持續大量投資，這個國家沒有貿易順逆差的問題，因為國人不需向國外貸款來支付其消費，但也不出借。簡言之，一切都處於平衡狀態。

接下來，試想這個虛擬的國家突然出現變化，國人決定只儲存比從前少一半的金額，但消費習性不減，這樣會發生什麼事呢？很多事會發生：美髮師、計程車、建築工人與餐廳業者皆生意興隆，因為這些產業的存在都是為了服務本土市場，當地經濟繁榮時，他們自然會獲得相對的成長，利潤快速上升，經營規模也必須擴大以便迎合市場的需求。

製造業是同時面向國內與國外的產業，當內需市場擴大時，他們的銷售也會提升，但不是很均衡，因為他們將發現國內銷售相對容易，但外銷全球市場卻變得較為困難。所以對製造業者來說，只有一半的市場發達，他們在對內與對外銷售的兩相權衡下，自然傾向選擇對內的市場，從而使資源朝此方向重新分配。

突然之間，這個國家的企業走向開始從外銷轉向內需，因為賺錢的機會都在國內，所以公司的決策自然會出現這樣的傾斜，此外匯率也將產生變化。

存款的供給迅速消耗殆盡，於是越來越少存款流出境內，購買國外貨幣、投資海外的當地人口也日趨降低，但因國內市場繁榮，所以較多的外資會開始湧入，國內存款不足所留下的空間，造就了外國人投資本地市場的機會。

當金錢停止外流，反而開始湧入時，會發生什麼事呢？匯率會上升，因為外國人開始購買當地貨幣，但本地人卻停止購買國外貨幣，於是強勢貨幣伴隨著經濟榮景確實會讓國人自我感覺良好，每個人都認為國家經濟很發達，國外投資人對本國的前途充滿信心，因此執政黨也將相對輕而易舉地勝選連任。

然而，餐廳、零售批發業、營造業的繁華景象背後，隱藏的卻是外銷產業——絕大多數為製造業者——無法跟上進口激增，收支平衡進入永恆的赤字。在一個消費近乎飽和的經濟中，製造業很難生存，因為當其他內需產業都能提供相對高的工資時，製造業如何吸引好的人才？當高匯率提高了製造成本，從而降低製造業者的競爭力時，他們又如何爭取國外市場？總而言之，存款下滑所造成的影響，便是經濟結構的轉型，由外銷工廠轉向滿足內需的服務業。

以上的例子是用來展示貿易、匯率和存款之間的連結。更簡要的看法，可以說一個國家通常會把存款做兩種用途：或者投資在國內可用的物質成本上，或者做某種形式的海外投資。取消第一種存款的用途，需要龐大成本的產業就會面臨困境；取消第二種存款的用途，外銷產業就會受到負面影響。

各種經濟的消長變化，偶爾一兩年其實無所謂，長期保持低存款率，經濟自然會因應外在條件而重新調整。但製造業的問題，在於它們幾乎都是需要龐大成本及外銷的產業，所以國內長期的存款不足，對製造業便是沉重的打擊。

在已開發世界中，兩個製造業的領導國都是傳統上具有高度投資和存款的國家——日本與德國——應當不是出於偶然；同樣的，另外兩個擁有高度存款額的國家，雙雙領先全球製造業——南韓與中國——想必亦非純屬巧合。

英國不太一樣。過去幾十年來，我們致力維繫的某種生活型態，協力促成了製造產業面臨的困境，並不完全都是家家戶戶存款過低的結果，不過近來確實有兩個週期呈現超低儲蓄的情況：一九八〇年代末期，以及二〇〇〇年代初期——兩個時期都是典型消費者導向帶來的經濟榮景，和低儲蓄、高借貸等兩個現象息息相關。正如剛才所舉的虛構案例，低儲蓄額導致強勢英鎊、龐大的財務赤字，以及經濟走向朝內需產業發展。

NatWest 銀行在二〇〇〇年代初期有個電視廣告，為英國當時的經濟變化做了最佳詮釋：有位老太太到附近的銀行分行辦事，赫然發現人事全非，驚訝地說：「喔，天哪，我的銀行變成流行酒吧了！」這種建築用途上的改變，恰好反映了英國當時正在發生的情況——人們不再去銀行存款，改到別的營業場所花錢去了。

連鎖酒吧 JD Wetherspoon's 跟其他很多企業一樣，受到了這種消費行為的庇佑，在此期間快速擴展。創始人提摩西．馬丁（Timothy Martin）於一九七九年在倫敦開了第一家酒吧，那棟建築在改成酒吧之前原是一家投注店；兩年後他開了第二家，原建築是汽車展示中心。到了一九八〇年代末期，Wetherspoon's 已經擁有四十家連鎖酒吧，到一九九〇年代末、二〇〇〇年代初，公司更是如日中天：一九九六年，馬丁旗下已有一百五十家酒吧；兩年之後，這個數字翻了兩倍；到了二〇〇九年，全國的 JD Wetherspoon's 已達七四三家，堪稱英國經濟轉向內需市場的典型範例。

過去數十年來，做為一個國家，我們集體以各種不同的方式不斷打擊製造業：一九七〇年代期間，問題不在低儲蓄，而是業界內部的紛爭與不斷上升的物價和薪資。其實，勞工與僱主之間難以達成共識，正反映了經濟在薪資與利潤之間尋找平衡點的困難。勞工們希望可以維持自己的消費能力，但公司卻試圖阻止他們，所以這是一個有關生活水準的爭議；一個國家的人民企圖達到比國家整體所能負擔更多的消費。

用衝突的方式解決誰應當獲得什麼的議題，代價相當大，結果是英國的通貨膨脹率比其他對等的經濟體更高，而除了經濟環境對工業不利之外，爭執也轉移了管理階層的注意力，使他們未能專心開發好的產品與更有效能的生產程序。

一九八〇年代初期的問題則是北海石油。曾有一度我們的油量十分充足，每當油價上漲，英鎊就變得非常強勢，來自石油的收入，使國家得以消費到先前未曾預期的水準；因為我們不需要購買太多進口石油，英鎊上漲，所以經濟走向再次取內需而棄外銷，使我們製造業的根基遭受重創。

要翻轉此一結果的唯一途徑，必須效法挪威，省下石油的收入做離岸投資，這樣才能降低匯率（因為國家必須購買國外貨幣才能投資海外），讓製造業得以不受石油的影響而繼續如常發展。

所以你看到了，每個年代我們都拚命保持消費水準，但我們消費越多，我們的經濟就越仰賴進口，越多的資源就必須從外銷產業轉向內需市場。同時我也必須指出當選政府在此問題中所扮演的角色，他們的財務政策有時不夠謹慎，即使當民間有存款時，財政部卻選擇借貸，反而將本來可以用在私人投資上的儲蓄額消耗掉了。

有論者甚至認為，政府排擠掉私人投資與外銷，不是透過借貸，而是透過花費。這些較有爭議的論述表示，政府徵稅越多，開銷越大，工作人口就越指望薪資，於是經濟的利潤越少，傷害了企業存款的額度，使之無力投資也不能降價，導致英國產品退出外銷市場。另外還有人指責英國政府在全國性的基礎建設上投資不足，目的或者是為了降低稅率，或者是為了提高公共服務的預算。總而言之，一個國家可以用很多不同的方式打壓外銷產業，但基本上都有一個共通點：想方設法撐住現有的消費模式。而當英國一直選擇讓需要龐大成本及外銷的產業受苦時，幾十年下來之後，對於國家半永久性的財政赤字，以及近年來的低投資率，或許我們並不應該太驚訝才對。

我希望我的論點到此已經相當清楚，不過我的話還沒說完。正如一個人喝了些酒，不代表他就是酒鬼，一個國家喜歡消費，也不代表必然儲蓄不足，說不定我們有良好的理由不去投資或存款，或許有問題的是德國與日本，是他們消費太少，而非我們消費太多——這些思考並非毫無意義的枝微末節，因為節儉不見得永遠是美德，有時候也會過猶不及，比方說，如果為了省錢而投資在缺乏成本效益的技術上，就會是個愚蠢的決定。所以，我們應該規劃未來，但不應以過度犧牲當下的生活為代價。

我認為，我們不應該純粹為了挽救製造業而省錢或投資；製造業本身不是一種目的。我們應該合理儲蓄與投資，然後對符合此一結果的製造業面貌感到滿足。如果我們覺得現有的製造業太小，那麼應該檢討目前的儲蓄是否不夠合理、是否真的太少了？

且讓我們聽聽專家的意見。馬丁・威爾（Martin Weale）自一九九五年起便主管國家經濟與社會研究所（National Institute of Economic and Social Research），並於二〇一〇年七月轉任至英格蘭銀行的貨幣政策委員會（Monetary Policy Committee），他對英國與其他歐洲國家的儲蓄與資本額度做了長期調查，在二〇〇八年的報告中，他是這麼說的：

> 本研究的發現非常清楚，在四個被調查的國家裡，沒有一個國家的年輕人，將來能夠負擔得起與現階段老年人相等的消費模式。四個被調查的國家中，沒有一個國家負擔得起繼續我行我素：在法國與西班牙，只有最年輕的族群需要調整；在義大利和英國，全體人口都必須調整。這種調整可以是有計畫或無計畫地進行，但無論如何，調整勢在必行。

當我們年屆退休之際，如果發現我們將比自己預期的窮困，我們很可能將選擇繼續工作以便彌補存款的不足，但威爾與其共同作者認為，即使我們願意延長五年的工作期限，我們目前的存款仍舊遠遠不足。

事實已經很明顯，我們真的存太少了，當我們開始合理存款時，經濟將會改變：所謂的「重新平衡」，從借貸轉向儲蓄，從金融服務轉向製造業，從進口轉向出口——這一切都將開始發生。

另外有個說法，也可以解釋我們如何給我們的工業製造困境；很多人覺得我們對房屋的擁有權太過在意。

我們熱中擁有房產，並非獨特現象（西班牙、義大利、愛爾蘭的房屋擁有率比我們高，加拿大和美國則比我們稍微低一點而已），但姑且不做比較，為什麼買房會影響工業呢？有人可能會說，把錢都投資到房地產上，就沒有錢投資工業了——這其實是個似是而非的論調，因為你把錢投資在買房上，把房子賣給你的人就有了做其他投資的資本，所以金錢是在房屋市場裡流通運轉，而非消失不見。

有些人以為我們這樣買賣房屋，會讓自己越來越窮，但也有人覺得會讓自己越來越富；我的看法是，兩者皆非。買賣房屋的行為只是障眼法，不過當我們擁有太多房屋仲介公司時，代價還滿高的。

房屋市場確實會消耗真實的資源，當我們購買新家、或者改造現有老屋，並非在玩房屋大風吹的遊戲，而會動用到可能投資在建築工廠的資源。磚塊、水泥與勞力都很珍貴，當它們被用在居家投資的時日，它們就不能用在工業投資上，然而，如果你相信房屋市場摧毀了英國工業，那麼你的前提就必須假設我們已建造了太多房屋，可是我從未聽過有人同意此一前提。

房屋市場如果對工業發展有負面影響，不是因為它消耗了可以用在外銷導向的經濟資源，而是因為我們的經濟相對不穩定。我們經歷了許多房市主導的大起大落，而在這些停停走走的週期裡，我們似乎避免以成熟的方式穩健慢跑，寧可快速衝刺到筋疲力盡，然後癱在地上休息一下，起身之後又旋即衝刺。

我們當然不是唯一會經歷市場大漲大跌的國家，但相對於其他經濟表現良好的國家，我們比較容易發生此一現象。市場的起落，對任何一個企業都是頭疼的事，對於必須面對國外競爭壓力——通常是製造業——的公司而言，更是非常棘手。對他們來說，連續兩年二%的成長，會比第一年六%，但第二年呈負二%要好得太多，儘管兩者的總數都是四%。稍早我們已經討論過，長期的高消費如何為英國製造業帶來匯率上升、經濟從產製轉向銷售的影響，然而短暫繁華緊接著快速下跌的循環，後果也一樣可怕。消費市場的繁榮與委頓，對製造業可謂雙重挑戰，因為很多英國的製造業者已變得過度倚賴國內市場，因此任何內需市場的呆滯，都會造成銷售下滑，帶來財務危機。

我們發現每個經濟循環都會產生一個現象，亦即每當整體經濟受挫時，製造業總是承受最大的打擊。在二〇〇八年的金融風暴之後，經濟下滑，製造業消沉；在二〇〇八與二〇〇九年，也就是經濟緊縮了兩年之後，整體經濟萎縮了五％，但製造業的產量卻下探十三％。

整體而論，英國經濟極度不穩定的時候，最不受影響的便是國外製造業者，因為對他們來說，英國只是世界一個很小的角落而已，我們經濟的劇烈震盪，對他們不過如輕柔的搖擺，也所以當我們的內需市場快速擴大時，外國公司可以跟得上我們進口的需求，但當我們的市場破滅時，他們也能輕易度過難關，唯獨英國公司在兩個極端都得痛苦掙扎。

不穩定市場的另一個效果，便是會減少投資的質量。大體而言，不穩定經濟是不具有吸引力的投資環境，但更要緊的是，在不穩定的經濟中，人們總會不斷做出錯誤的投資決定。當市場熱鬧滾滾之際，再荒謬的點子都可以被說得煞有介事，於是浪費了很多金錢在破綻百出的投資上（例如在內城鄰里蓋了很多根本賣不出去的公寓）；而在萎靡的谷底時，由於信用不足，也很難獲得任何投資。所以對需要長期投資的製造業來說，不穩定的市場問題重重。

為什麼我們有不穩定的經濟？我不可能在此做出全盤解釋，正如高登．布朗當年投注了龐大政治資產，也無法解決問題一樣。很多人可能會責怪執政當局，也有人覺得這是英格蘭銀行跟財政部兩造之間，基於不得當的財務政策與利率制定，加劇了經濟週期。然而，對於把各種英國的經濟弱點統統歸咎於執政者特別無能的論述，我個人並不信服。

為什麼我們比較容易出現意外的經濟週期？在我所聽過的各種論述中，最具有說服力的說法，跟我們的房屋市場密切相關。

問題不只因為我們擁有大量的房屋，更因為房屋市場有自我增強的特性。在一個正常且運作良好的市場中，價格上漲通常就會造成需求衰退，因為沒有理由花更高價錢去購買相同的產品，但此一邏輯在房屋市場上卻不適用。房價上漲時，人們反而想買更多房子，因為他們擔心如果此刻不買，將會錯失淘金熱，或將永遠踏不著購屋族的階梯。因此房價往往並非漲一下、跌一下，而是會產生自己的動力一路向上衝，直到飆過頭了才驟然直直落。

在房價陡升之際，除了業餘投資客與驚慌失措的購屋族會搶進市場之外，我們還有一個不尋常的房貸市場，由於競爭過度激烈，這個市場也會誇大房市的循環週期。有越多的房屋貸款可以運用，就有越多購屋的需求，所以當房價上漲時，通常也會看到房屋貸款的信用跟著擴張，放款人有信心以房屋價格做保證給予貸款，於是貸款賣得越多，房價相對又漲得更高。事實上，在房市的最高點，房貸的競爭也最激烈，因為放款人的利潤空間縮小，使借債人相對容易取得房貸，將房價一步步向上推；反之亦然：當房市下跌時，放款人減低信用額度，越少人可以獲得房貸，房屋的售價也變得越低。

英國房貸市場還有一個異常的特色，就是它提供了很多可變利率的產品，長期固定利率（十到二十年）的房貸反而很罕見。這個狀況本身就是不穩定性的來源，因為購屋者很容易誤以為目前的低利率代表了房屋貸款的長期開銷；當可變利率很低的時候，人們對於自己負擔得起的房價變得過於樂觀，易有購買無法長久維繫之高價房貸的傾向。

此外，媒體對房價的報導，對房屋市場自我增強的週期亦有推波助瀾之效。當我在 BBC 擔任經濟新聞編輯的時候，適逢上一波房市榮景，對於我們的記者不斷報導房價漲幅的頻率，我必須承認我感到些許焦慮。因為市面上有很多定期發表的房價測量報告，所以某個月的房價上漲新聞，可以隨著不同報告的問世而被重複報導四次之多，很容易製造錯覺，好像房價不只漲了一次，而是每週不停地漲，不知不覺間加深了購屋族「先下手為強」的心理，從而更刺激了房市的漲幅。當然，自從房市大跌之後，坊間對媒體的指責也做了一百八十度的轉彎，許多房屋仲介業者認為媒體不斷報導房價下跌的負面新聞，導致房屋市場氣氛低迷。

媒體還可能發揮另一個作用，就是將某種投資決定轉變成時尚趨勢：一系列的房地產電視節目——《房產階梯》（*Property Ladder*）、《地段、地段、地段》（*Location, Location, Location*）、《房屋醫生》（*House Doctor*）、《宏偉設計》（*Grand Designs*）等等——讓我們將自己設想成房產大亨，不斷將老屋翻新，然後賣出賺得好價錢。這些節目變得如此熱門，影響所及，股票經紀商 Durlacher 甚至設立了「電視索引」，藉此預測房價的起伏。

房市的發達會在經濟的其他面向餘波盪漾，因為房價上漲會讓人們自覺富有，從而更樂於消費，於是帶來其他經濟面的繁榮——這是不太理性的，因為平均來說，房價上漲並不會真的讓人民更富有；某些人的獲得，是由某些人的失去所換來。而且很重要的是，買賣房屋所製造的經濟榮景，會衍生出許多相關產業，他們的生意自然又會呼應、誇大房屋市場的週期特性，其中最明顯的是 DIY 產業：人們或者自己動手翻新老屋，以便高價出售，或者搬入新家之後，自己動手裝潢、整修。另外，買了新家之後，通常也還需要添置其他物品，例如廚房用具、新電視機等，所以房屋市場的興隆會連帶刺激消費鼎盛，讓人們產生富裕感，認為經濟表現良好，使種種消費行為獲得合理化。

我可以找到無數證據來展示市場的非理性表現，但並不代表這些問題很容易就能改善，基本上，因為我們的房屋擁有率很高，所以房屋市場對英國的經濟具有相當影響力。

從房屋市場來看英國經濟，你會覺得人們好像不太理智：理性的消費者應該不會在房價越貴的時候，越趨之若鶩，貸款機構應該不會對房貸額度越加掉以輕心；理性的人民應該不會錯把房市帶動的消費熱潮當成永久性的經濟榮景，媒體也不應該為房價的波動而興奮異常。對於有關經濟生活的論述，我通常並不接受人們會有瘋狂行為的前提預設，因為多數人面對自己的經濟未來，一般還是會做理性的判斷，而非莽撞的決定，唯獨房屋市場的機能不良，好像真的印證了社會集體——從個人到房貸機構——的缺乏理性。以我個人為例，我在一九八八年九月買了第一棟公寓，正是當年房市的高峰期，可見我剛才條列出來的錯誤邏輯，真的很難避免。

如果你相信不理性主導了房屋市場，房屋市場主導了我們的經濟，那麼你就會相信為什麼英國經濟會有不穩定的問題，而此不穩定性對某些產業——主要是製造業——的傷害比他者更甚。好消息是，在最近一波的經濟漲落週期中，和其他國家比較起來，我們的成長表現並非特別怪異。

總而言之，在小幅度上基於不穩定性，大幅度上則因為匯率、儲蓄和投資程度等緣故，英國面臨總體經濟的問題，而這些問題對我們的活動平衡已產生具體的影響：我們讓別人蓋了我們的風力農場，在收支平衡中留下需要填補的空隙。但願當我們開始面對這些問題時——遲早都一定得面對——我們將能採取永續的方式加以處理，而非享受五年穩定的好光景之後，又再度陷入加速消費的模式裡。

在前幾個章節中，透過對英國製造業的仔細檢驗，我剖析了我們現有的強項與弱點，並解釋了各種前因後果。對英國工業界來說，中國崛起的影響力當然不容忽視，但我希望我也證明了中國不完全是威脅，也帶來了許多契機，讓我們可以對某些製造產業放手，達到造福消費者的目的，改而專注在更精密、高端的產品上，使我們的製造業更符合前瞻經濟的需求。

做為一個國家，我們產製的許多物品都很優良，我們需要製造更多這樣的產品，也需要擴大製造業的根基。我們的問題在於，這些產業的成功需要倚賴龐大的投資，而這是我們真正的不足之處，因為我們近年的儲蓄太少，以至於銀行能夠外借的款項有限——其結果便是經濟自然會朝不需要太多成本的產業發展。我們對房市執迷不悟，以及因為房市而造成的經濟不穩定性，對投資具有負面影響：當經濟繁榮時，人們很容易誤入歧途，把金錢浪費在不當投資上；但當經濟蕭條時，卻又因信用被拒而無法獲得貸款。

我討論了一般人對製造業常有的迷思，解釋為什麼乍看之下好像正在衰落的產業，嚴謹分析之後，卻證明反而是一個效率不斷提升的產業。此外，我也探討了製造物品背後的心理學，企圖思索製造業是否真的具有某種迥異於其他經濟活動的特殊本質。我得到的一個結論是，並非因為製造業真的有什麼特別，而是因為隔行如隔山，相對於工作內容較為具體的製造業，我們對經濟環節中較不具象的其他產業缺乏了解與認同。為了增加這種了解，我們應該詳細認識經濟中的其他產業，接下來就讓我們來談談所謂的「知識經濟」（knowledge economy）。

第Ⅲ部
智慧財產
Intellectual Property

7 科學的部分

好幾年來，《經濟學人》（*The Economist*）週刊有一系列很具創意且形象鮮明的廣告，紅底白字，印著醒目的標語，如「偉大的心靈喜愛思考」，或者「懷疑究竟有何好處？」，諸如此類，烘托出這份刊物深思熟慮、睿智、富挑戰性的內容特色。

在其眾多的廣告設計中，有一個火車站的看板廣告格外令我印象深刻，廣告詞針對會從火車望向窗外的民眾，在看板上寫著：「沒有人能夠從凝視火車窗外而獲得成功。」這是一句非常聰明的標語，以很特別的方式觸及了本書下面三個章節的核心：智慧財產。

仔細思考今天的英國究竟做何營生，將很快發現我們所做的是越來越多看不見的、無形的事物。從《經濟學人》突出的廣告到精良的分析報導，再到刊物內頁介紹創新設計的產品等等，全都是智慧財產——一個浩瀚無比的類別，可以涵蓋品牌巧克力、會計軟體、一首詩或是一套複雜的工業操作模式——雖然每個例子都截然不同，卻也都具有某種共同的特質。

下一章將會廣泛討論英國公司在廣告與品牌創造領域中的表現，而《經濟學人》的廣告便是箇中的絕妙典範。我發現市場行銷確實會提升產品的價值，所以我們毋須懷疑值不值得花這麼多的資源在上面。不過在這一章裡，我要探討其中有關科學的部分，亦即研究與發展，希望這幾個章節合在一起，將能向讀者展示英國在全球智慧財產界的領先地位，以及我們如何藉此致富。

作家J．K．羅琳（J. K. Rowling）的財富便是於此間建立的，然而恰好跟《經濟學人》的廣告詞相反，在一九九〇年代初期，她從曼徹斯特搭火車到倫敦，突然有了哈利．波特（Harry Potter）的構想。在本書第九章，我們將會分析「哈利波特經濟」的多重意涵——一種藉由創造力和腦力的結合，而非透過體能的勞動來創造財富的模式。

這趟智慧財產之旅，我們不從火車窗外，而是從火車「窗」談起。讀者可能很少想到玻璃的製造，尤其當我們所要討論的是創意以及高產值製造時，你可能更納悶。不過，無論是摩天大樓的窗戶、Nissan與McLaren超級跑車的擋風玻璃，或是全世界絕大多數平面玻璃的產品——根據工業專家的說法，九〇%——都是運用在英國創造、發展出來的一種技術而成。

在英國的經濟發展中，玻璃具有象徵性的價值，一八五一年的大展覽會（Great Exhibition）——即今日世界博覽會的前身，如我去上海參加的那個活動——於倫敦海德公園（Hyde Park）舉行，大展覽會的全名是「各國工業成品大展覽會（Great Exhibition of the Works of Industry of All Nations）」，但工業革命空前成功，使英國公司及其創意主導全場。展覽會場是在水晶宮（Crystal Palace）——一個由約瑟夫·派克斯頓（Joseph Paxton）設計的巨型結構——由當時最先進的鑄鐵與玻璃設計組成，也是英國工業的最佳表徵。整建過程中，據估計共用了三十萬片玻璃窗格。玻璃是由伯明罕（Birmingham）的強斯兄弟（Chance Brothers）製造，乃當年最好的英國玻璃製造業者，他們也提供了國會大廈（Houses of Parliament）及大笨鐘（Big Ben）鐘樓所需的玻璃（他們是當時唯一一家能夠在鐘面上採用蛋白石玻璃製品的公司）。

強斯兄弟有這麼多重要的訂單，製造如許大量的玻璃，他們可能從未注意到在蘭開夏另有一家很小的玻璃公司——皮津頓兄弟（Pilkington Brothers）。皮津頓原名聖海倫皇冠玻璃公司（St Helens Crown Glass Company），由一群當地的企業家於一八二六年組成，其中包括酒商威廉·皮津頓（William Pilkington）。到了一八四九年時，威廉和他的弟弟理查（Richard）聯手買下了其他企業家的股份，將公司改名為皮津頓兄弟，結果到後來竟是皮津頓兄弟，而非強斯兄弟，成了英國玻璃業界的最終龍頭；一個世紀之後，伯明罕的公司受到蘭開夏對手的兼併。

但對皮津頓來說，他們的故事才剛開始。二十世紀中期，皮津頓從活力充沛的全國性公司搖身一變成為全球業界的領導者，而他們之能達到這個成就，便是透過在玻璃製造上的研發與創新。在此之前，製造玻璃只有兩種方法：第一種模式是厚玻璃板（plate glass）技術，可以達到完美的成果，但因需要很多人力與機器的開銷，過程緩慢且成本高昂；相較之下，第二種模式——薄板玻璃（sheet glass）——的製造就比較省時、省錢，但品質也會明顯下降。所有的玻璃製造廠商都有一個目標，希望能夠發展出一種以薄板玻璃價格產製出厚玻璃板品質的技術，尤其是欣欣向榮的汽車工業，亟需這樣的產品：薄板玻璃的品質只能拿來做側燈和車頭燈，擋風玻璃必得用高品質的材料，但又必須具有價格競爭力，才能符合大量製造的市場需求。

皮津頓玻璃公司有悠久的創新歷史，在一九二〇年代期間，他們就已開發出持續研磨與磨光的程序，其他玻璃公司必須向他們購買許可證才能沿用此一發明；一九三五年，皮津頓公司又研發出所謂的孿生機器，讓厚玻璃板可以同時雙邊磨光，使公司建立了創新技術的良好經驗和信譽；到了一九五〇年代，研發的利害關係突然加劇，當時有好幾家玻璃製造業界的重要對手——比利時的聖高班（St Gobain）、美國匹茲堡厚玻璃公司（Pittsburgh Plate Glass Company）、日本的朝日玻璃（Asahi Glass），以及福特汽車公司（Ford Motor）等——都在致力實驗新的產製技術，誰能率先發展出高品質、低價位的玻璃製造方法，誰就能在未來幾年中掌握全球市場。

一九四九年夏天，皮津頓成立了兩個發展團隊，其中之一由亞歷斯特・皮津頓（Alastair Pilkington）領軍，不過亞歷斯特並非公司擁有人的直系親屬，該公司在數年之前決定展開一個追溯皮津頓家庭史的計畫，透過這個計畫，研究人員找到了遠親亞歷斯特之父，他建議兒子來到皮津頓公司就職，孰料這個人事淵源日後竟成了該公司最重要的發展關鍵。

亞歷斯特的研究團隊以位於聖海倫考利山丘（Cowley Hill）的廠房為基地，先著手檢驗美國發展出來的製造流程：當熱玻璃從滾筒出來還很軟的時候，就先使之平順，這個流程的困難之處在於當玻璃還在冷卻的階段中，如何讓它進入生產線而不沾染任何斑點或污痕。亞歷斯特旗下有位工程師肯恩・畢克斯塔夫（Ken Bickerstaff），建議用一種液態金屬做為輸送玻璃的工具；理論上，熔融錫（molten tin）與熔融玻璃不會彼此混合，放在一起時也不會產生負面反應。於是熔融錫的實驗就在皮津頓公司的唐卡斯特（Doncaster）廠房展開了。

一九五二年，兩項以畢克斯塔夫原始構想為基礎的實驗獲得突破：亞歷斯特發現，熔融錫可以直接在滾筒上達到讓玻璃平順的目地，降低美國流程的成本與開銷；他還想出了「自由落體」（freefall）的點子，也就是將液體倒在平面上，自然會形成一個池子，而實驗證明，將熔融玻璃倒在熔融錫上，會自然流到四分之一英寸的厚度——正是製造過程所需的厚度。

這是浮製玻璃（float glass）流程的基本原理，但提出構想只是一個開端，皮津頓公司之後花了七年時間，經過大量的研究與投資，才終於走到能夠對外公開的地步。根據估計，公司花費了七百萬英鎊——相當於今天的八千萬英鎊（合新台幣約三十一億一七〇二萬元）——研發此一流程，當時每個月要花費十萬英鎊——相當於今天的一一四萬英鎊（合新台幣約四四四二萬元）——在研究與發展上，皮津頓公司董事會不斷開會重複討論，到底要不要繼續支持這筆預算，所幸咬著牙同意了，最後總算努力有成。一九五九年九月，考利山丘廠房終於證明可以運用浮製玻璃的技術，穩定且一貫地產製出高品質的玻璃。

浮製玻板法的技術研發一波三折，但成功之後卻有無盡的報償。皮津頓公司確保所有流程中的重要發明都註冊了專利之後，才正式對外發表，而且還不僅發明本身而已，在研發階段的數年之中，皮津頓的工程師們累積了對浮製流程鉅細靡遺的知識，掌握了製造完美玻璃的各種微小細節與敏感度，這些發現全都記錄在一系列的手冊與工程繪圖裡，每一位團隊的研究人員都必須簽署保密協議書，也就是說，皮津頓對創意的掌控超出了法律範圍，如果不運用公司檔案的話，整個系統就將無法操作。或許你會問，需要保密到這樣的程度嗎？有段插曲可看出重要性：一九七三年，葡萄牙有個加盟公司企圖到皮津頓竊取一組重要繪圖，在海關被查獲，這些被盜的繪圖共重達二十七公斤。

皮津頓公司知道浮製玻板法有潛力成為主流玻璃製造法，事實證明了他們的遠見，不出多久，他們的對手就紛紛必須向皮津頓購買授權，包括匹茲堡厚玻璃公司、勒菲．歐文斯．福特（Luffy Owens Ford），以及福特汽車公司等。甚至當原先註冊的專利期限過期之後，皮津頓仍能合法運用對技術的保護權，繼續收取授權費。一直到亞歷斯特於一九九〇年代中期過世之前，浮製玻板法在三十個國家授權給四十二家製造廠，究竟為皮津頓公司賺取多少利潤，難以準確估計，不過根據美國法庭一九九〇年代初期的一個案件來推估，在那個時間點上，至少應該已達美金四十至五十億元之間（合新台幣約一二五九至一五三四億元）。

當皮津頓公司對外發表他們的發明時，他們是全世界第五大玻璃製造商，隨後的十年之間，公司更是迅速成長：一九六七年，他們在加拿大開了工廠，緊接著也在澳洲、南非、瑞典開設廠房；一九七九年，皮津頓向德國 BSN 買下浮法與安全玻璃操作法，使他們打入了欣欣向榮的德國汽車製造業；在美國，皮津頓購併了先前的競爭對手 Luffy Owens Ford，得以充分運用 Luffy Owens Ford 和通用汽車（General Motors）建立的良好網絡。這兩項併購案使皮津頓成為全世界最大的玻璃製造者，而今天的皮津頓又歸日本 NSG 公司擁有，但無論如何，浮製玻璃的故事仍是一個英國成功的典型案例，展示了高價值製造、創新與研發所能帶來的豐碩成果。

從皮津頓的故事中，我們可以看到研究發展最終可以比製造產品賺更多錢，而類似的案例不勝枚舉。當我們在討論高價值製造時，其實我們是在談「研發」與「製造」這兩件事情的組合。哪個國家不願意走向高價值？誰不想從發明中、或者複雜的化學製藥過程裡獲取龐大利潤，而寧可從事簡單的製造（例如烤麵包）賺取蠅頭小利呢？那麼，為什麼這些高價值產品往往都會集中在某些國家，而非其他地區？

要回答這些問題，我們必須回到本書第二章已提到過的三大經濟基本原則：第一、興盛的國家會把經濟建立在他們擁有的豐富資源上；第二、正常運作的國家，通常會把資源用在就其所知最高價值的活動上；第三、隨著環境的變遷，國家也會因應調整。這些原則解釋了為什麼英國會讓經濟演化到智慧財產的走向：我們向上層市場移動，是因為我們能而別人不能，也因為此舉能夠獲得較大的報酬。

舉化學製藥和麵包為例：需要鉅額投資在研究上才能發明或發現新藥，但設計一款新的麵包，相對上卻沒有什麼花費，這是因為研究新藥的高度技術很稀有，業界只有少數對象有此能力，但幾乎人人都能做麵包。而也正因製藥市場沒有太多競爭對手（尤其因為專利法的存在），藥品可以制訂比麵包高出很多的價格。

這便是高價產品的祕訣；簡單地說，英國經濟幾十年來的發展，就是一段從烤麵包走向製藥王國的歷程。如果重複先前已做過的論述，隨著經濟的進步，製造產品的重要性大概無可避免地都會日趨降低，為什麼？因為一條麵包的價錢，差不多符合製作這條麵包的各項所需：麵粉、折舊計算的器材費用，以及工本費等等；畢竟一條麵包最重要的就是烘焙的過程。但是藥品卻不盡然。實際製造每顆藥丸的成本相對上微不足道，真正的龐大花費是在前置的研發階段，不管你只做了一顆藥，還是好幾百噸的藥。化學製藥最重要的就是發明與發現。

讓我們比較兩個英國頂尖公司二〇〇九年的財務報告為例，一個是製藥界的巨人 GlaxoSmithKline（簡稱 Glaxo），另一個是食品公司第一食品（Premier Foods），旗下有許多品牌（如 Hovis 麵包）及非品牌的產品。兩家公司都對他們生產的直接成本做出計算，也就是所謂的「銷售成本」。

對第一食品來說，銷售成本佔了整體業務成本的絕大部分（七〇%），代表食品公司的多數開銷都是用在製造產品上面；但 Glaxo 卻不一樣。Glaxo 的銷售成本僅佔整體業務成本的四分之一，顯示製藥公司的主要活動並不在製造藥物；他們一年花費四十億英鎊（合新台幣約一五六四億元）在研發，佔了 Glaxo 整體業務成本的十五%，這個開銷在第一食品公司並無相對的項目。

對照這兩本財務報告，我們發現製造藥丸和製造麵包的主要差異，在於前者的開銷多在人事，而後者的開銷多在製造，因此我們也毋須過於驚訝，隨著經濟的進展，製造產業會朝相對小的製造成本但相對高的人事支出演進，包括很大程度是所謂的「應用智慧（applied intelligence）」，或固定的創新成本。這些人事成本意味著製造者必須提高他們產品的利潤空間，但因為這些產品珍貴且稀有，市場只能接受製造公司制訂的高價位。

另外一個良好範例是蘋果公司（Apple）的 iPod，產品背面寫著「加州蘋果公司設計；中國組裝」。研究指出，如果把一個市價三百美元（合新台幣約九四三四元）的 iPod 拆解，將會發現一個有趣的現象：從產品的設計、研發與行銷上，蘋果可得八十美元（合新台幣約二五一六元）；從組裝工作，中國獲得五美元（合新台幣約一五七元）；剩下的部分，七十五美元（合新台幣約二三五九元）到了批發商與零售業者身上，一四〇美元（合新台幣約四四〇三元）進入提供 iPod 各部分零件的業者口袋中。很難精準算出最後這筆錢到底有多少是用在 iPod 及其零件的製造上面，一般估計約莫三分之一強，其他的支出多是用在生產過程中的非製造性活動，亦即某種加值作業。

正是這些智慧、創新、巧思的作業讓一個產品變成高價值，高端產品中最極端的例子都發生在文化與創意產業，因此你會發現，一幅藝術作品的價值，高出顏料和帆布的成本好幾倍；一本書會比紙張頁數更加值錢；同時也只有傻瓜才會根據影片的長度來決定一部電影的價值。因為物質材料並非這類活動的宗旨所在。

高端活動佔英國貿易很大的比例，證據也顯示我們在此方面表現優秀。這類領域的工作人才很少站在工廠的生產線上，事實上，他們甚至不需要像工廠那樣，必須位於同一個國家，然而工廠的作業卻少不了這些人才。

我們不是唯一試圖以此方式追求生存與繁榮的國家，幾乎所有的富裕社會皆如此，其實，大多數現代已開發經濟都沿著此一既定模式發展，對此模式英國已經熟能生巧（甚至可能稱得上是領航者）：首先，我們憑藉聰明才智，巧妙應用技術和商業技能迅速致富，然後我們尋找能夠更有效率產製物品的方法；其次，富裕之後我們繼續保持智慧，因為富裕社會有能力投資教育和研究。英國堪稱全世界技術最先進的製造業國家，讓我用兩個公司為實例做進一步說明：一個是最大的英國製造公司，即稍早已經提過的 GlaxoSmithKline；另一個則是把製造部分全外包給別人的公司——ARM 控股股份有限公司（ARM Holdings）。

Glaxo 的故事和剛才所舉的麵包／製藥案例有異曲同工之妙，只不過實際上並非麵包，而是從奶粉起家。公司前身原是十九世紀中期位於紐西蘭威靈頓（Wellington）的一家百貨店，販賣物品從衣服、陶瓦、鐵器、酒精等等應有盡有。到二十世紀初期，有些產品開始外銷到英國，於是成立了一個專屬的 Glaxo 部門，並以販售嬰兒食品聞名，有一個家喻戶曉的廣告標語：「Glaxo 打造漂亮寶寶」。一九二四年，公司以奧斯特林（Ostelin）進入製藥市場，是一種維他命D產品。Glaxo 部門的重要性與日俱增，為了持續研究與多樣發展導致了一個新分支的開闢——Glaxo 實驗室（Glaxo Laboratories）——並在一九三〇年代於西倫敦的格林福（Greenford）建造了現代化的工廠與辦公室。

正如第一次世界大戰的爆發加速了英國航空工業的轉型，第二次世界大戰的爆發也對 Glaxo 公司的命運產生類似的影響。戰爭期間最重要的任務之一，便是要研發製造盤尼西林（penicillin）的方法，因為每個人都知道它在戰場上搶救性命，將能發揮莫大作用。自從亞歷山大・富萊明（Alexander Fleming）在十多年前的原始發現之後，要把盤尼西林製造成醫療使用的型態，證明極為困難，所幸已有些許進展：牛津大學（Oxford University）的哈華德・富羅利（Howard Florey）與恩尼斯特・錢恩（Ernest Chain）不斷實驗，到一九四一年，終於已可以開始在人體上試用。

Glaxo 在格林福的實驗室是提供試用盤尼西林的公司之一，到一九四二年十月，開始少量製造盤尼西林。同年十一月，政府組成了一般盤尼西林委員會（General Penicillin

Committee）協調藥物的供給，而隨著戰爭持續，實驗顯示盤尼西林救命的巨大潛能，使Glaxo面臨增加產量的壓力。一九四三年七月，醫學研究理事會（Medical Research Council）正式要求Glaxo提高盤尼西林五倍的產量，於是經由貿易局（Board of Trade）的協助，Glaxo買下位於華特福（Watford）橡膠工廠的一部分，以便開始製造可以裝盤尼西林的細頸瓶。這條生產線於一九四四年二月啟動，高峰期每二十四小時產製三十萬個藥瓶。

一九四三年秋，盤尼西林開始供應給北非的醫院，救助在西西里（Sicily）戰役受傷的士兵。盤尼西林在此時已成為「指定」計畫，佔政府最高層的優先順位；戰爭到了這個階段，希特勒受阻，後來將在史達林格勒（Stalingrad）戰敗，盟軍正準備攻佔歐陸，傷亡的危險性非常高，因此盤尼西林的補給攸關生死。

對Glaxo來說，集中資源專心製藥帶來了傑出的成果，一九四三年底有了創新發現，適逢供應部（Ministry of Supply）也正要求公司繼續提高產量，因此政府同意提供Glaxo額外的器材與工廠以便達成使命。根據估計，一九四二至一九四六年間，在Glaxo生產盤尼西林的工作人員擴充到二十倍之多。

一九四四年六月六日，盟軍在諾曼第（Normandy）搶灘登陸，作戰計畫一絲不苟，而盤尼西林的製造只是其中一個微小而重要的環節。在十六萬名登陸的部隊中，估計有一萬人受傷，這其中又有二千五百名士兵死亡。如果沒有盤尼西林，沒有人知道後果將會如何，但盤尼西林發揮治療感染傷口的功效，減少死亡人數，卻是無庸置疑；同時，因為八〇%在英國製造、用於諾曼第登陸的盤尼西林，都是來自 Glaxo 的工廠，因此我們也可以說 Glaxo 的科學家們居功甚偉。

上述種種終於引導 Glaxo 轉移方向朝製藥發展，此決定也受到英國將成立全國健康服務（National Health Service，簡稱 NHS）政策的影響：突然之間，化學製藥公司有了一個專屬市場（captive market），而在這個領域的起始階段，基於稍早幾年的經驗，Glaxo 顯然佔據了極佳位置可以有所斬獲。

這當然不是 Glaxo 故事的結尾，三十年之後，Glaxo 發現了另一款新藥——治療胃潰瘍的雷尼得定（Ranitidine），在市面上銷售的藥名為善胃得（Zantac）——使之成為全球最賺錢的公司之一。我們在第九章還會回頭來看這個故事。在二〇〇〇年，Glaxo 和 SmithKline Beecham 公司結合，成為 GlaxoSmithKline，簡稱 GSK，是目前全世界最大的化學製藥廠之一，擁有七%的市佔率，二〇〇九年的銷售量達二八四億英鎊（合新台幣約一兆一一九五億元），利潤至少為八十五億英鎊（合新台幣約三三五一億元），而用在研究與發展上的花費，超出英國任何其他公司。不過化學製藥是得失各半的行業，公司總裁安德魯・維帝（Andrew Witty）告訴我：

在一萬個人工合成的新分子中，也就是一萬種潛在的新藥當中，很可能只有一個會真的變成藥。按這樣想，十五年之後，我們現正發展的三十個大型計畫……或許有六〇%可以走到終點，即使如此，還是有二分之一的失敗機率。

GSK是一個全球性的公司，有九萬九千名員工在全世界一百多個國家工作，其中有一萬六千人位於英國。不過英國化學製藥的能力並不限於GSK，另外還有AstraZeneca公司，兩家都是全球十大製藥廠，而且英國也有屬於國外的研究機構，例如威而鋼（Viagra）是美國藥廠Pfizer在英國肯特（Kent）的實驗室所研發。在發展全球最熱門的各項醫療研究中，英國總是走在最前端，但這並不表示英國的化學製藥工業永遠都能輕鬆過關，例如Pfizer藥廠決定關閉在肯特的設備，此外，許多新興經濟也開始具備了研究化學製藥的能力，可見向更上層市場移動的週期永無止盡。

我其實也可以將Glaxo的故事放在本書有關製造業的章節中，畢竟他們銷售的是自己製造的藥物。但正如我曾說過的，製造本身並非活動的核心：發明成功的治療方法進入產製過程，一般需要花費五億英鎊（合新台幣約一九七億元），而一旦生產線開始運作之後，製造一顆藥丸只需幾便士。所以製藥流程最關鍵的是前置作業，然而，這倒也不是說實際製造的過程無關緊要，因為這個過程還是非常複雜，需要精準混合微小劑量的化學成分，猶如安德魯．維帝以他們所產製的一種藥物為例指出的：「原始材料是在新加坡製造，送到英國，我們將之微粉化。這也就是說，我們製造的……是顯微鏡下才看得到的粒子，肉眼看不見。」維帝表示，過去數十年來，藥效大幅增強，但科學的進步卻也帶來了許多製造上的挑戰：「如何處理你根本看不見的產品？如何分配一整年重達五十公斤的原料？」

也許你不禁懷疑，智慧財產的模式可以走多遠？一個成功的公司有可能完全專注在研發，而完全不參與製造嗎？位於劍橋（Cambridge）的 ARM 控股股份有限公司便是這樣的例子，他們純粹創造、設計產品，自己並不製造，而是把設計對外授權（license out）給製造廠商，藉此獲利。

你可能沒聽過 ARM，但你很可能擁有好幾樣運用其技術的產品。ARM 設計各種現代電子產品都需要用到的微處理器，尤其是手機：根據估計，全世界九五%的手機，以及二五%的各式電子用品，都是採用 ARM 的設計。未來三年之內，約有二十五億支即將產製的智慧型手機，將會使用 ARM 設計的晶片，而且手機越智慧，就需要越多的

ARM 晶片。正如皮津頓公司將浮製玻板法授權給其他工廠，達到空前的成功，ARM 智慧財產的授權也非常廣泛且利潤豐厚：截至目前為止，他們已向二百五十家不同的半導體公司售出超過七百筆處理器授權。ARM 花腦力，但把體力製造的工作留給別人去做。

俗話說，再大的巨木，也要從種子的萌芽開始；ARM 的種子便是電腦。在今天這個 iPad 和筆記型電腦充斥的世界，沒有個人電腦的時代感覺上像遠古歷史，但事實上，電腦開始普及，不過是三十年前的事。在美國，蘋果公司、康懋達公司（Commodore）、坦迪公司（Tandy）是當時的業界領袖；在英國，則是兩家位於劍橋的新公司——辛克萊（Sinclair）和橡子（Acorn）。

當橡子公司獲得設計 BBC 微電腦的合約時，堪稱捷足先登，因為這項產品將會推廣到學校使用，也會成為 BBC「電腦識讀計畫」（Computer Literacy Project）的一部分——這是一個大眾電腦教育的電視系列。當時設計出來的電腦並不吸引人——龐大、笨重的乳白色箱子，配上深褐色的鍵盤外殼與紅色的按鍵——記憶容量僅有 32KB。從今天的眼光來看，你可能覺得簡直小得無法想像，但在一九八〇年代初期，BBC Micro 已是功能強大的家用型電腦，被視為英國創造力的證明。

BBC Micro 跟當時其他的電腦如 Apple II 一樣，都是用 8-bit 的晶片或處理器，而為了創造功能更強大的機器，新一代的電腦需要用到16或32-bit的處理器才行。當時市場上已有這樣的處理器——英特爾公司（Intel）正開始在微處理器製造市場中茁壯，即將邁向主導地位——不過，橡子公司覺得還沒有一樣既有產品真的符合理想，便決定自己動手研發製造。

他們組成祕密團隊，全力發展處理器，代號「A計畫」（Project A）。他們的資源有限，因此設計不能太大、太複雜；小型產品才能達到容易設計、試驗，且製造經費相對低廉的目的。經過十八個月之後，團隊推出了先進RISC機器（Advanced RISC Machine，簡稱為ARM）——RISC的全稱為精簡指令集計算機（Reduced Instruction Set Computing）。不過團隊成功設計出來的晶片，並未能轉成銷售上的勝利：處理器首先被用在橡子公司的阿基米德（Archimedes）電腦上，但其時IBM個人電腦已經雄霸市場，阿基米德電腦的生存奄奄一息。到了一九八〇年代末期，形勢已經非常明顯，橡子公司的規模並不足以維持自有的處理器設計團隊。

一九九〇年，在橡子公司、蘋果公司、VSLI技術公司（VSLI Technology）的共同投資之下，一個以ARM發展團隊為核心的新公司於焉成形，他們遷出了橡子的劍橋總部，另外在劍橋芬蘭德村（Fenland Village）一個由倉庫改建的建築重起爐灶，繼續研發處理器，並透過授權，而非製造來維持營運。

一九九〇年代與二〇〇〇年代的科技進程讓 ARM 公司如虎添翼，隨著電腦越來越輕便，同時手機變得越來越像迷你電腦，對小型處理器的需求越來越高，市場還希望處理器可以繼續不斷縮小。一九八〇年代當 ARM 開始設計處理器時，經費的限制使他們必須走輕薄短小的路線，不料今天他們的設計尺寸恰與市場需求配合得天衣無縫，隨著移動式的電子經濟而起飛。

無論是時鐘收音機、汽車加油系統、數位相機、或者信用卡，微處理器是保持現代世界運轉的作業系統，雖然 ARM 從每個裝置中只能獲得幾便士的報酬，但因為今天的電子產品數量多如過江之鯽，ARM 在二〇一〇年的營收額高達四億英鎊（合新台幣約一五七億元）。

ARM 選擇不從事製造，會不會擔心將演變成科幻小說裡只有大腦而沒有軀殼的怪物呢？ARM 董事長都鐸・布朗（Tudor Brown）坦承：「一點兒也不會，我認為我們更像是心臟……與這些產品不可分割，融為一體。」他並向我解釋公司的理念：「基本上我們並不想要製造。如果走進製造業，你就必須蓋工廠，還沒開始就得先花五十億美元（合新台幣約一五七七億元），是一個極度昂貴的遊戲。再說，我們並無這方面的專長……我們對自己專精的事情非常在行，這才是我們想繼續做的事。」

浮製玻璃、盤尼西林、ARM處理器等故事，只是英國創新成功的三個典範，其他案例不勝枚舉。英國是在這個領域裡少數幾個大玩家中的一個，因為全球投資在企業研發上的國家相當集中，八〇%都發生在六個國家裡：美國、日本、德國、法國、瑞士及英國。做為一個國家，很難測量我們究竟有多大的創造力，如果看全球性的統計數據，和其他頂尖的研究國家相較起來，事實上我們投資在研究與發展上的經費，佔全國收入的比例是相對少的，而且我們註冊國際專利的比例也比這些國家都低，所以在高技術的菁英群組中，我們的排名可能居末。不過有些知識上的投資，並不算研發的範疇，而如果廣泛來看各種無形資產的話，那麼英國的評分就會比較高，所以本書有個論述似乎一再重複出現：我們有很多值得驕傲之處，但並無傲慢的本錢。我們可以說，英國經濟隨著時間已邁向產製高價值物件的領域，我們的外銷（雖然仍不夠多）也有特別傾向高價值產業的趨勢。

為什麼在某些知識集中的產業裡，英國能夠成功建立相對優勢呢？為什麼幾個相對古老的已開發工業國家，仍能在二十一世紀的新經濟領域中保持領先呢？

答案還是在歷史。構想和創新需要時間與金錢才能發展，因此提早進入工業製造的國家，比較可能在這個跑道上有較大的進展。我們是第一個工業化的國度，相對較早設立大學，與新興經濟體相比，我們有較長的時間享受延長教育帶來的益處，也因此我們比其他很多國家有更多研究、學習的資源。

此外，以腦力為主的產業還有一個特色，能夠解釋為什麼古老的經濟體會有領先的優勢：在這個領域裡的工作人口，喜歡在彼此的鄰近工作，於是比較容易產生群聚效應。換句話說，以科學為基礎的公司很少平均分布在全國各地，而是多聚集在同一個地理位置。

這倒不是新鮮事兒——工業革命期間，達文特山谷與當時的蘭開夏就是工業活動的重鎮。就今日以電腦為根基的各種產業而論，位於北加州的矽谷（Silicon Valley），代表了全世界其他地區也都想模仿的聚落，因此我們發現各種大大小小以「矽」為名的電子集聚遍地開花，例如德州奧斯汀（Austin）的矽丘（Silicon Hills），位於蘇格蘭愛丁堡（Edinburgh）和丹地（Dundee）之間的矽幽谷（Silicon Glen），以及紐約曼哈頓（Manhattan）的矽巷（Silicon Alley）等等。

在英國，最成功的同類聚落是劍橋附近的矽沼（Silicon Fen），有好幾家領先群倫的高技術公司都在此扎根，包括ARM控股股份有限公司在內。根據估計，在劍橋二十五英里方圓之內，有超過一千四百個高技術公司，聘僱了四萬三千人。這些區域吸引了大量投資：二〇〇四年，在全英國的風險投資裡，矽沼的公司共吸納了二四％的資金；相較於美國，他們的同類投資也有三分之一到了矽谷。

不只是科學性公司會有群聚效應，美國的好萊塢（Hollywood）、倫敦市的金融特區（Square Mile of the City of London）、蘇格蘭可考迪（Kirkcaldy）的油地毯集群等，都向我們展示，以特殊技術為主的產業，似乎都有追隨群聚模式的特點。

為什麼呢？不同的產業會有不同的理由，不過若以高技術領域來說，主要是因為群聚能夠孕育創造力。在一個緊密的地理區塊裡，有多家同性質的公司聚集在一起，能夠製造一個既合作、又競爭的環境，有利於創意的激盪。競爭提供刺激，合作意味著知識交流，沒有任何卓見會被無端浪費或不受到試探與開發。簡言之，物質產品是在工廠製造的，知識則是技術人才透過網絡交流而獲得擴展的。

史蒂芬·強森（Steven Johnson）在他的著作《好點子從何而來》（*Where Good Ideas Come From*）中，以「超線性縮放比例」（superlinear scaling）來描述城市和創造力的關係，他說：「一個比鄰近城鎮大上十倍的都市，並非多出十倍的創造力，而是多出十七倍……一個住在有五百萬人口都會的市民，比起一個住在只有十萬人口城鄉的居民來，平均會多出三倍的創造力。」高技術公司的密集存在，會自然產生類似的效應，強森認為，這跟珊瑚礁所衍生的生命多樣性有異曲同工之妙，珊瑚礁只佔地表面積的○．一％，卻成為二五％海洋生命的家鄉。

有關群聚的解釋，也讓我們預期高技術聚集，應該比較會發生在鄰近播撒知識種子的起源處，亦即大學周遭。史丹福大學（University of Stanford）應該是加州矽谷興起的原因之一，劍橋大學也解釋了為什麼矽沼會出現在劍橋附近。劍橋大學很早就有聲譽良好的電腦科學設備，一九七〇年，三一學院（Trinity College）協助設立了劍橋科學園區（Cambridge Science Park），很多人認為這是「劍橋現象」——即許多高科技公司在此集結——的起始點。在矽沼運作的一千四百家高技術公司裡，有兩百家是直接從大學的計畫分出來的，更何況劍橋畢業生能為這些公司提供所需要的大量人才庫。

吸引群聚的因素，並不只適用於公司之間，也適用於公司內部，所以 GSK 製藥公司對實驗室應如何具體規劃思索了很久，後來決定採用多領域團隊的構想，以便促成更多人才間更進一步的溝通。很多研究固然都是來自偶發的靈感，但是人才之間如有密切互動的機會，例如透過在茶水間的自由對話，更能提高這種意外靈感或發現的契機；輕鬆的交流往往能帶來重大的發現。GSK 也鼓勵公司的科學家和製造廠商交換訊息，改善工廠的必要流程。GSK 的做法呼應了工業革命時代，學者和實業家之間的互動關係，例如他們所共同組成的新月協會，那種開放的態度，以及分享對科學點子的興趣，對英國早期製造業的發展有莫大助力，而今看到現代版的呼應模式，也不禁令人為之神迷。

對英國來說，有兩個理由應該支持這些一旦成形之後即能自給自足的網絡：第

一、它們很難被搬移出境。其他國家如中國，可以很容易來到英國，買下一個舊工廠，運回中國後複製重建，然後在當地生產從前英國製造的東西；可是要購買一個複雜而沒有固定型態、由一群學者和公司科學家組成的群聚網絡，卻非常困難，因為從外面看來，很難知道究竟要買什麼才對。第二、當一個群聚成立以後，來自外地的人才也會想加入，因為人才的存在會吸引更多人才，這將使英國持續成為一個有優勢主持高端活動的國家。

上述兩個理由同時也解釋了為什麼我們只是一個面積中等的國家，擁有世界一%的人口，但我們歷來在科學與創新上所建立的技能，卻仍然表現強勁。英國擁有除了美國之外最多的諾貝爾獎得主，而我們在此間的成就，並非僅憑過去的榮光，即使現在都仍專美於前，雖然並非完全仰賴本土科學家的造詣。我們吸引優秀的科學家前來英國，並創造良好的環境，使他們抵達之後能夠發揮創造力與生產力，這是我們在世上的立足之道。

不過我也必須指出，任何時候都有新的群聚在形成，舊的群聚在消失，而且新興經濟體也已開始創造這樣的群組——南印度的邦加羅爾（Bangalore）便是西方國家之外，目前高科技群聚最受矚目的地方，此外，我們也沒有理由認為多年之後，中國不可能在這個領域取得領先地位。不過，建立世界級的大學，培養大批的畢業人才，並非短期一蹴可幾之事，所以至少在未來幾年間，英國在此產業應仍具相對優勢，真正的挑戰在於英國經濟應該如何充分運用我們的歷史遺產與經驗，確保下一階段仍能繼續拔得頭籌。

8 ——品牌和廣告

有一本一九〇〇年代的雜誌廣告，以「回顧」為標題，刻劃出英國從前的生活樣貌：一個滿臉不高興的先生，失望地看著面前（可能無法下嚥）的晚餐；太太則在廚房裡揮汗如雨。廣告詞說：「每七天一次，屋裡就會充滿令人作嘔的肥皂味。剩菜剩飯當晚餐；家庭主婦既疲倦又煩惱；同住者人人不安……今天是洗衣日！」

這是我們今天很少去想的事情，但在家電產品發明之前，每星期的洗衣、清潔是非常費時的生活大事：有的僕人會從當天凌晨一點就開始洗，一直工作到傍晚，如果再加上風乾和熨燙，整個過程可能需要兩三天。最基本的洗衣法是棒擊法，把衣服放在木頭洗衣板上用棍棒搥打；另一種方法是浸泡法，把衣服浸在一種已經陳腐的尿液裡，讓裡面的氨發揮清潔功用。

如果能夠使用肥皂，當然是最理想的，不過有很長一段時間，肥皂是昂貴的奢侈品。肥皂可以用火車油（鯨脂）來製造，但過程不易，而且最後做出來的是一種粗糙、沒有氣味的成品；另外也可以用橄欖油或動物脂肪來製造。不過有人很擔心用動物脂肪做肥皂的話，會讓國內的蠟燭製造業者沒有足夠的材料生產蠟燭。為了確保資源不被浪費，肥皂被附加很多的稅金，所以就變成了奢侈品，直到一八五三年，威廉·格拉斯頓（William Gladstone）取消了肥皂稅，英國的肥皂工業才興盛起來，但這還需要感謝另一個才華洋溢的人。

威廉·利華（William Lever）在一八五一年出生於波爾頓（Bolton），父親開了一家雜貨店，威廉有時候會幫忙在店裡切肥皂。當時賣肥皂很像今天在熟食專櫃賣乳酪：店裡的肥皂是一大塊，顧客指定大小後，店家就切給他們、然後包裝起來，秤斤論兩來買賣。開始經營家庭雜貨店的生意之後不久，威廉就決定專心做肥皂，一八八〇年代中期，他在沃靈頓（Warrington）買下一間化學工作室，和弟弟詹姆斯（James）一起設計做肥皂的原料，將棕櫚油、棉花籽油、樹脂和動物脂肪混合在一起，效果還不錯。然而威廉·利華真正的天才並不在對肥皂的發明，而是在銷售的方法。他不採取傳統做出一大塊肥皂在店裡切割販售的方式，而是做出一小塊、一小塊黃色的肥皂，單獨包裝，並給這項產品起了個名字，然後在包裝盒上印上品名：陽光（Sunlight）。

根據一九〇〇年代的廣告，利華的產品改變了洗衣的本質：「陽光肥皂讓這一切都改變了！大幅節省了平常的洗衣時間！使用陽光肥皂，洗衣日就如平常的每一日。你只需要在衣服上好好搓上肥皂，捲起來等一兩個小時，然後沖洗乾淨即可。陽光肥皂不需要辛苦工作。」這對雜誌廣告中那位忙得一蹋糊塗的太太，以及餓昏了頭的先生，大概都是好消息吧！

陽光肥皂是否真的讓洗衣服「一切都改變了」，當然見仁見智，但他們賣肥皂的方式，卻對產品的市場行銷起了革命性的影響。陽光肥皂是我們今天所謂「品牌」最早的例證之一，它的立即可辨認性，使陽光肥皂獲得巨大的成功：一八八六年，利華工廠每週產製二十噸肥皂；兩年之後，每週四百五十噸；到一八九〇年代中期，公司每年銷售四萬噸陽光肥皂，而且銷售地區不限於英國國內，還包括比利時、荷蘭、屬於大英帝國的部分地區如加拿大、南非等。連維多利亞女王（Queen Victoria）也使用陽光肥皂，賦予利華兄弟「女王肥皂製造人」的頭銜。透過對陽光肥皂的創新行銷，他們的聲望和財富都達到了巔峰。

繼陽光肥皂之後，利華兄弟後來還推出其他成功的產品：一九八四年，他們推出衛寶除臭香皂（Lifebuoy Soap）；一八九九年，陽光薄片香皂（Sunlight Soap Flakes），後來改名為麗仕（Lux）。一九三〇年，利華公司與一家荷蘭公司合併，更名為聯合利華（Unilever），在英國僱用了二十五萬名員工，是當時全英國最值錢的公司。到今天，聯合利華仍是英國最大的公司之一，旗下生產一系列的知名產品，從花神奶油（Flora）到馬麥醬（Marmite）、從麗仕香皂到 Lynx 除汗劑、從 Persil 洗衣精到 PG 紅茶等等，所在多有。陽光肥皂現在在英國已經停產了，但是這個品牌仍在海外行銷各地，例如在斯里蘭卡，陽光洗衣皂的市佔率高達七五％！更重要的是，陽光肥皂已經留下了歷史定位，成了全世界最早的品牌商品。

從此之後，世界出現了大翻轉，我們越來越在意品牌、包裝和廣告，事實上，有人說我們簡直是被牽著鼻子走，幾乎每樣東西都有品牌，而且運用龐大資源在銷售的過程上，而不再只是簡單地產製物品而已。

很多人並不喜歡這樣的轉變，認為我們變得太瑣碎、太物質傾向了，受到消費價值觀的左右，缺乏深度。我還記得有位政治人物曾經語重心長地說，我們應該多花點時間讀詩，少花時間汲汲營營地去買新球鞋，破壞地球。如果這個批評正確，那麼顯然不只英國如此，世上大多地方也都差不多；不過，如果要談品牌和廣告藝術的話，那麼英國稱得上是先驅者。有相當長的一段時間，我們已經走向相對注重行銷而非製造的道路上，同時根據我個人非常零碎的觀察，我們根本不花什麼時間讀詩，所以說到消費主義和品牌文化，我們的確跟每個人一樣都需要檢討。

然而在這個章節裡，我的目標是想說服你，不要太輕視行銷藝術，它真的會增加製造產品的價值。我也想指出，這其實是很自然的事——甚至可以說無法避免——我們的社會會追隨威廉·利華的腳步。我想展現我們究竟如何在這個領域中，運用我們的技能賺錢，同時我還想說服你，我們對品牌的執著可能會對環境有利。雖然大多數的人可能不太讀詩，但消費主義其實也是現代文化表現的一種重要形式。整體而言，我想告訴你，不需要對我們的經濟朝這個方向演化感到吃驚或羞恥，品牌創造了另一種形式的智慧財產，正如研究與發展一般。

就像一九〇〇年的雜誌讀者會記得陽光肥皂發明之前，生活有多困難，我們也可以回顧過去幾十年來，我們已經歷了多少變化，其中很大的一部分，必須拜上一章所提過的科學家與工程師之賜。

我回想自己童年時的幾個實例；我的家庭算小康，並非特別富裕，我記得我們的福特汽車 Zephyr，是我們家第一輛具備有安全帶和收音機的汽車，但常常故障，特別是出門度假時必出問題，而且不斷生鏽。

從那之後，感謝世上各汽車製造廠和電子公司智慧的結晶，我們終於有了不會生鏽的汽車，車上都有安全氣囊和安全帶，甚至有 MP3 的接頭及衛星導航系統。這些都是創新和改進的成果。或者舉電話為例，我們家很幸運，有兩支電話，一支在前廳，一支在房間。一九七〇年代初期時，只有四二％的人口有電話，但今天的英國，手機的數量已經大於全國人口的總和。這一類的經濟進步，使我們大多數的人都可以比過去生活得更舒適，其結果也使我們有較多的時間和資源用在教育上。

在我成長期間，父親在新成立的薩里大學（University of Surrey）電子工程學系擔任副教授，大學是在一九六六年由巴特西技術學院（Battersea College of Technology）蛻變而來，當時學院正在從倫敦擴展到薩里的階段。在那個年代，只有六％的學校畢業生會去上大學，事實上，十五歲就離開學校是很普遍的事，直到我九歲那年，政府才改變法律，確保每個人都得讀到十六歲才能離開學校。我的學校買下一棟新建築，以便讓因為法律改變而多出來的學生有地方可以上課。

今天，我猜想大部分的人都接受教育或某種訓練至少直到十八歲。二〇〇七至二〇〇八年間，英國的大學生人數為二百五十萬，在一九七〇至一九七一年只有六十二萬一千人；一九七八至一九七九年間（有此紀錄的第一年），投資在教育上的全國收入達五．一％，二〇〇八至二〇〇九年則增加到了六．一％。

因為我們在經濟上的相對富裕，我的學校才會購買新建築，許多新的大學也才會成立。此外，我們的文化態度轉變了，不再對知識抱持過度的菁英取向，而我們的文化態度之所以能出現這樣的變化，則是由於我們可以負擔得起的緣故。或許因為我們對經濟成長已經太習慣了，導致我們忽略財富的增加如何造成改變。自從一八三〇年之後，我們的經濟平均以每年二%的速率成長，人口在這段時間也不斷增加，但人均國內生產總值自一八三〇年來以一．四%成長；有些時期景氣特別好，收入上漲特別快（如一九五〇年代），但也有些時期比較困難，成長比較遲緩（如過去這幾年）。但平均來說，收入成長率是一．五%。根據這個速度計算，我們的收入每五十年就翻一倍，或者換一個角度來看，就是每一個世代都可以預期比他們的祖父母輩雙倍富裕。

隨著日漸富裕，教育程度日漸提高，我們也變得越來越中產階級、越具有白領意識、越注重生活上的諸多細節。我們有餘裕去擔憂小事，而不是大事。我們的消費模式改變了，因為我們關心的不再是單純的基本生活，更在產品的美學層次，而體現的方式便是每一件物品的品牌名稱，以及包裝的手法。我父親很堅持，買車不該只看外型，我母親也總是在雜貨店裡購買最實用的東西，而非高級品牌，所以我對這類告誡耳熟能詳：「別挑那個，你只是多付了包裝的冤枉錢而已！」但是在今天，我們當中有許多人會刻意去購買華麗的包裝：比方說，花三英鎊（合新台幣約一二一元）去買一個禮物袋，用來裝一瓶酒。我們會根據車子的外型去買車（雖然我覺得大部分的人早就這樣做了），而且在一個平均性的購物籃裡，生活必需品所佔的比例已經越來越低。套用小說《銀河便車指南》（*The Hitchhiker's Guide to the Galaxy*）的說法，人類發展有三個階段：「我有得吃嗎？我要吃什麼？我要去哪裡吃午餐？」我們便是在第三個階段。

我們越富有，形式就變得越來越比功能重要，因為我們在功能方面的需求不斷被滿足，所以很多公司（完全可以理解的）開始將他們的重心轉向滿足我們相對瑣碎的品味上，花了偌大心力去行銷、廣告，以及品牌設計。因為我們在這條路上已經走了很久，英國有時會被批評為「卡布奇諾經濟」：只見泡沫，不見內涵。在某個程度上，這個批評是對的，但如果這是我們的人民所共同希求的，那麼不也應該慶幸我們做得出有泡沫的卡布奇諾咖啡嗎？

整體說來，我們看到英國有硬技能從事科學與技術，也有軟技能從事行銷和廣告，前者在產品的前置階段為其加值，後者則在製造出來以後為產品加值。在上一章提過，蘋果公司每銷售一支 iPod 就獲得八十美元（合新台幣約二五一六元），我們很難確認，這是因為產品的品質抑或行銷的效力所得到的回報，不過從我個人的角度而言，其實我並不很在乎。蘋果公司成功推出一款產品，比任何 MP3 機具都更富吸引力，這本身就是一種成就，無論你想如何解構、分析此設計。

反向的論述指出，商業公司如蘋果，利用巧妙的行銷策略，將不需要的昂貴物品強加於我們身上，與其說是加值，不如說是價值的破壞；意思也就是說，如果蘋果公司不花這麼多力氣去讓他們的產品看起來如此賞心悅目，消費者很可能就會花比較少的錢去購買品質相當的 MP3 了。我可以了解這個論點。證據顯示，消費者是可能受騙去買不需要的東西，小朋友們也可能被廣告哄得非買什麼不可，以便和同儕競爭，要不就被排擠在外。我相信很多人的抱怨是真的，他們說超市會把好好的食物扔掉，只因為放在架上不好看，非常浪費；我也相信在市場行銷上，有時候真的會破壞某些價值。不過，這些事情在其他專業裡也會發生，包括新聞界和教育界，所以我們應該要問的是，用這個角度來看待絕大多數的活動恰當嗎？我個人的感覺並不。

現在發生的事實在於我們有了選擇，這些選擇之所以存在，是因為許多西方公司為了賺錢，企圖滿足西方消費者在過去幾十年來展現的品味所致。當人們變得富裕之後，他們希求的不只是更多消費而已，而是更強烈的消費經驗，因此，與其購買兩支 MP3 機具，消費者往往寧可花兩倍的價錢購買一支 MP3，但這支 MP3 會讓他們感到加倍的滿足——這是為什麼蘋果能在市場上大行其道，但一般製造商卻做不到的原因。

我想再舉一個例子：餅乾。麥肯錫全球研究所（McKinsey Global Institute）在一九九八年出版了一本報告，叫作「加強英國經濟的生產力與成長」（Driving Productivity and Growth in the UK Economy），針對英國經濟中，他們認為效率應該可以更好的許多產業，做了詳盡的研究與分析，裡面對於英國的餅乾製造業是這麼說的：「英國餅乾製造業生產的產品種類，比美國多出二・六倍……產品的多樣性減少生產線停工的時間，浪費研發與行銷的資源，導致生產力下降。」換句話說，如果我們能更有效率地把資源應用在較少款式的餅乾上，其實可以產製更多的餅乾，從而讓餅乾的售價更便宜。

我不是製造或行銷餅乾的專家，不過我很懷疑，擁有比較多樣化的餅乾，是否真的不如擁有更大量的餅乾。到超市轉一圈，與餅乾相關的產品令人眼花繚亂，每一樣對某個特定市場都有某種特殊的意義和吸引力，例如針對小朋友的粉紅豹（Pink Panther）薄脆餅與快樂河馬（Happy Hippo）餅乾；燕麥餅乾（Oaties Hobnobs）通常最受上班族歡迎；還有各式各樣的奶油酥餅（shortbread），用康爾沃奶油做的、用全奶油做的、做成指頭大小的，還有加上巧克力脆片的……，種類之繁複，比任何一個社會所消耗得了的奶油酥餅超出許多。從雞蛋餅乾（bourbons）到巧克力軟餅（Jaffa Cakes），從焦糖巧克力到卡士達奶油等多元口味，英國人無疑非常愛吃餅乾！是的，結果是我們得花比較多的錢去買餅乾，因為所有的包裝都需要成本，而這些成本原都可以直接用在製造上以便降低售價。可是有眾多選擇的結果，不也讓我們更享受餅乾嗎？如果我們花較多的資源去產製更大量的餅乾，對地球又會造成什麼影響呢？如果我是地球，我會寧可選擇聘用更多的人使用更少的原料，設計出更多新形式的綠色能源。

逛一圈超市，我們將發現幾乎每一類型的產品當中，我們都做了一個昂貴的決定，以便獲得更多的選擇，並在我們選擇消費的產品上，獲得享受某種美感的樂趣，要不然在特易購（Tesco）的貨架上，怎麼居然會有多達十八種不同的牙線呢？它們的作用全都一樣，就是清潔你的牙縫而已。

當然不是每個人都適合這樣的選擇，對那些連基本溫飽都負擔不起的人來說，我們將資源用在行銷花俏的產品上，是一種很不幸的發展，跟有人會把資源用在遊艇和鑽石戒指上一樣不幸。不過整體來說，這是一個社會必須做的選擇，我們應該如何運用某些額外的可支配收入？這個選擇會形塑我們整體的經濟活動。

另外一個很好的例子是李維（Levi's）牛仔褲，它們在一九八〇與一九九〇年代非常受歡迎，定價比市面上許多其他品牌都昂貴。它們的利潤空間很高，因而李維想要保持現狀，但是大賣場知道，如果他們也可以取得李維牛仔褲的話，便能以較低的價錢大量出售，所以有很長一段時間，大賣場和李維之間發生了市場大戰——大賣場走各種後門取得李維貨品，在店裡低價大賣，但李維堅持只在比較昂貴、高檔的流行時裝店面販售，以便維持品牌形象。兩造誰比較有理呢？答案取決於你的立場：你認為顧客只是購買了一條能夠遮住雙腿的長褲？還是在做有關自己的陳述？比較重要的是牛仔褲還是品牌？如果是品牌，那麼在大賣場出售就降低了它的格調，因為高檔店面的銷售氣氛才能符合產品想傳達的特徵；但如果重要的是牛仔褲，那麼大賣場以最廉價的方式讓消費者能夠取得，便是正確的決定。

追根究柢，答案顯然是兩者的混合，但如果一定要擇一，那麼消費者真正想要的很可能還是品牌，因為市面上已有其他較便宜的牛仔褲，在大賣場很容易就能取得。如果人們真的只是想買條牛仔褲，根本不需要如此大費周章，非得把某個指定品牌的牛仔褲放到貨架上不可，因此李維指出，大賣場的做法傷害了產品的價值，他們的抗議可能是對的。果不其然，一條賣到五十英鎊（合新台幣約二〇二〇元）的李維 501 牛仔褲，很快就退燒了，因為消費者開始轉而去購買大賣場買不到的更高級品牌，例如一條要賣一一〇英鎊（合新台幣約四四二一元）的 Diesel 牛仔褲。另一方面，對於那些沒有興趣透過衣著來做自我陳述的消費大眾，在大賣場只要五英鎊（合新台幣約二〇一元），就可以買到一條沒有品牌、但是夠好也夠體面的牛仔褲。

為什麼人們喜歡多花錢去購買品牌產品呢？真要回答起來可以長篇大論，但我想區別兩種不同的情況：一種是人們想要購買一項產品，而品牌就像證書一樣，讓他們確信自己買到想要買的東西；另一種狀況比較像餅乾和牛仔褲，品牌和相關的設計已經融為一體，都是它們吸引力的一部分。在後者的情況下，我們消費某一個品牌，會向別人發出有關我們的某種信號，也會告訴我們某些有關自己的訊息，允許我們享受和自己冥冥中所認同的那個世界產生連結，或者藉以表達讓我們感動或有所感應的某種嚮往。我並不認為這是有害的，也不覺得有人可以因此被稱為受害者，就像很難說看電視或看書會讓人變成受害者一樣。對某些人來說，購物是他們生活詞彙的一部分。並非人人都適合這樣的消費行徑，但有些人覺得這樣很好。

我不知道在英國的供水系統裡，是否仍有威廉．利華陽光肥皂的遺跡，不過若要談品牌與廣告，我們可以跟世界級的領先者並駕齊驅。倫敦是一個廣告業的全球中心，現代版的紐約《廣告狂人》（*Mad Men*）或許有不同見解，不過美國市場夠大，所以他們的廣告業可以專注在以美國為主的產品項目，但英國市場的規模和範圍都比較小，因此我們的廣告業必須超越英國之外——朝向歐陸、美國甚至更遠的地區——也因此我們的產業多半很國際化，並具有全球性的訴求。

有很多英國品牌與廣告在世上成功行銷的案例：一九八二年，BBH 廣告公司的共同創辦人約翰．赫格堤（John Hegarty）參觀了奧迪（Audi）汽車工廠，看見牆上潦草寫著「科技領導創新」（Vorsprung Durch Technik）幾個字，轉化成廣告文案，三十年之後，這個標語仍持續成為奧迪全球廣告的精神象徵。其他成功的例子還包括巧克力公司 Cadbury's 的「擊鼓猩猩」廣告，加拿大、澳洲、紐西蘭都廣泛採用；BBH 為李維牛仔褲製作的「布偶艾瑞克」（Flat Eric）廣告，至今仍在網路上流傳；還有 Wolff Olins 廣告公司為柑橘電信公司（Orange）所做的形象包裝，後來也被法國電信公司（French Telecom）採用，向全球推廣網路服務業務的新形象。

我提到倫敦是這些廣告和品牌諮詢公司的主要據點，但我們還可以說得更精確一些。廣告公司形成的創意聚落，會讓矽沼相較起來顯得很分散，我們可以待在郵遞區號 W1 的這個區塊，做一趟世界廣告領導業者的巡禮：從夏綠蒂街（Charlotte Street）的薩奇廣告公司（Saatchi & Saatchi）開始，他們旗下的藍籌客戶（blue-chip client）包括 T-Mobile 和阿聯酋航空（Emirates）；走到瑪莉勒波恩路（Marylebone Road），可以看到 Abbot Mead Vickers BBDO 公司，他們是健力士黑啤酒（Guinness）得獎廣告「白馬篇」（white horses）的創作者；轉到勞斯波恩街（Rathbone Street）便是 CHI & Partners 公司，客戶包括 Pfizer 藥廠和三星（Samsung）；再到惠特菲爾德街（Whitfield Street）可以看到 TBWA 公司，負責行銷電子遊戲 PlayStation；大堤區菲爾德街（Great Titchfield Street）上的法倫公司（Fallon），做出了斯柯達（Skoda）汽車蛋糕的廣告；金利街（Kingly Street）上的 BBH，除了先前提到的奧迪汽車之外，也行銷伯丁罕甘醇生啤酒（Boddingtons）；還有大波特蘭街（Great Portland Street），這裡有 WCRS 公司，客戶包括索尼公司（Sony）和桑坦德銀行（Santander）。第二個廣告聚落則位於倫敦東區，其中最著名的首推母親公司（Mother），旗下服務的國際客戶包括宜家家具（Ikea）和可口可樂（Coca-Cola）。

大型品牌諮詢公司比較分散，但他們的客戶在全世界也都是數一數二，例如Interbrand公司的倫敦分部想出了福特Focus車系的名稱；Futurebrand公司的客戶包括GSK藥廠和微軟（Microsoft）；Wolff Olins是柑橘電信公司的品牌諮詢代理，並且負責二〇一二年的倫敦奧運會；品牌聯盟（Brand Union）則創造了沃達豐移動寬頻（Vodafone）的公司形象。

我們在上一章討論了英國如何透過教育制度和科學技能加強競爭優勢，而在研發主導的領域中——例如化學製藥與科技產業——發揮良好的成效；我們在創意產業方面的實力，也同樣給了我們在品牌諮詢和廣告設計方面領先的籌碼。稍早我們看到ARM控股股份有限公司可以僅憑設計賺錢，自己並不製造，我們的品牌與廣告公司也是從他們的創意上來累積財富，而且是國際性收入，不單是英國消費者所帶來的利潤。他們究竟是如何做到的呢？

很難給出具體的數字，其中當然包括從服務國外客戶所獲得的銷售成績，不過，如果一個廣告是由國外分部的職員為以英國為基地的公司設計、製作，那麼廣告機構的英國母公司仍能收取利潤。

我們以品牌設計為國家爭取外匯的另一個方式，是透過為英國產品加值之後再外銷的途徑，最好的例證之一便是立頓茶包（Lipton Tea）——又是另一個聯合利華極為成功的產品。跟陽光肥皂一樣，立頓開始於十九世紀——湯瑪士·立頓（Thomas Lipton）比威廉·利華早出生一年，同時跟利華一樣，立頓的父母也開了一家小商店，只不過地點是在蘇格蘭的格拉斯哥（Glasgow）。立頓先幫家裡經營商店一段時間之後，在一八八八年開始經營茶的貿易，而立頓紅茶也很快在英國成為家喻戶曉的品牌。

今天，聯合利華已經不在英國本地行銷立頓紅茶了，但我們卻只是世上少數幾個不賣立頓紅茶的國家。立頓一年的銷售額達二十五億英鎊（合新台幣約九九九億元），是全球最暢銷的茶，比第二名的銷售量多達三倍以上，著名的黃色標籤在一百一十個國家隨處可見，尤其是在茶的發源地——中國。全世界有四分之一的茶源自中國，中國的茶外銷也佔全球外銷茶品的六分之一，但來自蘇格蘭的立頓，卻是在中國本地銷售最大宗的茶品牌，市佔率高達茶包市場的三〇％。

立頓和聯合利華到底做了什麼，居然能使立頓茶包在茶的原鄉如此大受歡迎呢？從某個程度上來說，在中國賣茶跟在十九世紀賣陽光肥皂的情況有些雷同：直到陽光肥皂發明以前，過去是在雜貨店以秤斤論兩的方式賣肥皂，而在中國傳統賣茶的方法，也是以秤斤論兩的方式銷售沒有品牌的茶葉。中國外銷的茶葉大多沒有品牌，茶商完全憑價格競爭，立頓因為有品牌，於是給了消費者不一樣的東西：一個世界性認可的品名。立頓所具備的國際形象，以及茶包所帶來的方便性，使這項產品很容易在超級市場上架販售，而不是非得到傳統茶店去購買不可，對中國年輕一代的消費者而言——一個越來越都市化、不斷追求向上層社會移動、且時間越來越有限的族群人口——立頓茶包的吸引力不言可喻，而對擁有這個品牌的英國公司來說，其價值更是難以估計。

第三個透過品牌賺錢的方法比較有爭議，亦即透過創造品牌導向的公司，然後轉售給國外，藉此獲得利潤。其中一個例子便是移動通訊業者柑橘——這是由 Wolff Olins 公司一手創造出來的品牌，有一系列非常成功的廣告策略與著名標語：「未來很明亮，未來是柑橘」（The future's bright, the future's Orange）——後來整個被法國電信公司買下，決定以柑橘為名來提供他們的各種網路服務。

此外，雀巢公司（Nestlé）在一九八八年蒐購 Rowntree 糖果公司，可以說是另一個品牌加值的案例。Rowntree 自一八六〇年起就在約克（York）製造巧克力，事實上，約克可稱為一個糖果製造業的群聚，因為泰瑞巧克力（Terry's）和克雷文斯巧克力（Cravens）也都是以此為據點。許多年來，來到約克火車站的旅客，都會看得到 Yorkie Bar 巧克力條的大廣告看板：「歡迎來到約克，（此地的）男人壯碩，巧克力厚實。」

在一九八〇年代末期，並非只有雀巢公司對 Rowntree 感興趣，雀巢在瑞士的另一個對手 Suchard 也表示購買的意願，於是兩造展開競標大戰，而背後則是一群憂慮的約克民眾，以及糖果工廠的員工。Rowntree 是約克最大的僱主之一，大家很擔心併購案是否將導致當地居民失業？併購之後，公司的決策權是否將由英國總部轉移到瑞士？製造部門是否將被移到國外去？

對這所有的問題，事實證明答案幾乎都是否定的。雀巢公司最後以二五．五億英鎊（合新台幣約一〇一九億元）買下 Rowntree，便是為了要買下公司名下所有知名的品牌——包括 Kit Kat、Smarties、Fruit Pastilles、Polos 等等——以及製造這些品牌的所有流程，因此併購成功之後，雀巢公司並不去拆解 Rowntree 既有的資產，反而做了更多投資去改善它的硬體設施，包括以一千五百萬英鎊（合新台幣約五億九九三八萬元）更新自一九四八年起就開始製造 Polos 薄荷糖的建築；投資二千萬英鎊（合新台幣約七億九九一七萬元）去蓋新的 Kit Kat 製造工廠；更重要的是，以六百萬英鎊（合新台幣約二億三九七五萬元）擴充位於約克的研究中心至雙倍規模，並讓雀巢王國的科學家們來此交流，提升創造活力。雖然很遺憾地還是有些人失去了工作，但差堪告慰的是公司的生產力和生產量也雙雙提高了：被僱用製造 Kit Kat 的員工人數跟併購之前一樣多，但現在的 Kit Kat 產量已是過去的兩倍。

尤有甚者，雀巢公司增進了 Rowntree 的國際地位，將他們舊有的知名產品銷售到先前到達不了的國家和地區。舉例來說，Kit Kat 長久以來都是在英國本土賣得最好的巧克力條，比第二名的 Mars 巧克力棒銷售量多出五〇%，自從加入雀巢王國之後，更暢銷到印度、中國與東歐各國。當 Kit Kat 在二〇一〇年慶祝誕生七十五週年時，已是全世界販售到最多國家的巧克力棒，不僅每年生產一七六億條巧克力，且其生產設施並未被移出境外，而是每天在約克產製三百萬條 Kit Kat。

Rowntree 在一九八八年賣給雀巢，從很多方面來看，就跟一九六九年 Rowntree 兼併了 Mackintosh 公司的意思一樣（所以 Rowntree 的全名是 Rowntree Mackintosh）。當時 Rowntree 會併購 Mackintosh，也是為了 Mackintosh 旗下的幾個著名商品——Quality Street、Rolo、Toffee Crisp 等。我們之所以會有不同的感受，是因為外國產權的議題。但 Rowntree 的經驗向我們證明，國際併購不見得一定都是朝負面發展，也有可能讓公司獲得成長，並達到從前未能迄及的市場。英國在品牌創造上的成功，使得像 Rowntree 這樣的招牌變得搶手，並使像雀巢這樣的公司懂得經營之道不在破壞，而是彌補其不足，以便更加充分發揮既有的潛力，達到雙贏的局面。

我希望我對英國在品牌與行銷上的技能，已經做了具有說服力的說明，而且此一技能對世界亦有其價值。但我並不想過分誇張我們在這些產業上的成就，因為其他國家也有非常成功的品牌：法國和義大利不需要聽我們嘮叨該如何行銷價格高昂的名牌奢侈品；日本和德國以他們堅實的產製名聲，自己建立了信譽良好的品牌；而來自美國的成功品牌更是不可勝數。我們的經濟能夠在這個領域裡發揮長才，應該跟我們在創意產業舉世公認的實力不無關聯，然而在我們離開智慧財產這個題目之前，我們也應該探索一下藉此謀生的其他意涵。

9 聰明的缺陷

英國在技術與科學上的世界排名很高，在品牌和廣告領域表現不凡，並稱得上是全球創意產業方面的佼佼者——這些都應該讓我們感到高興才對，因為它們都是優良的產業，而且利潤豐厚。不過在我們過於洋洋得意，或者為了我們的聰明才智而驕矜自喜之前，我們必須知道，倚賴腦力賺錢的國家是相當脆弱的，因為我們還是要在這個物質世界穿衣吃飯。製造汽車或種植小麥，本質上跟產生創意有很大的差別——一個點子並不像物質產品的獨有性，是很容易被分享、複製和盜用的。因此在這個章節裡，我們要對智慧財產做個簡要的巡禮，了解一下當我們的國家企圖透過製造思想而非產物來謀生時，對我們的公司、經濟與社會究竟具有什麼意涵？

首先可以思考一下，為什麼我們不拿構想，而是要拿具體的物質當聖誕禮物呢？試試看小孩子會有什麼反應，我猜他們對抽象的概念不會太興奮吧？小朋友直覺地馬上就知道智慧財產和物質財產的區別——就前者而言，你把點子告訴他們之後，雖然他們就擁有了這個點子，卻不屬於他們專有。一份禮物象徵著透過一種犧牲而做出的具象承諾或寵愛，點子卻無法如此，因為我可以同時把這個點子給很多人，而且點子不花錢，我完全沒有犧牲，不像買一雙襪子。

再舉個例子，你會寧可聽到自己正值青春期的女兒做出什麼告白——從店裡偷一條巧克力棒？還是非法下載一首歌曲？無論音樂界怎樣極力告訴我們，非法下載是竊盜行為，很多人還是很難將兩者劃上等號，因為具象財產的失去很容易理解，但音樂被非法下載之後，抽象的智慧財產感覺上還是非常完整，產權持有人好像並沒有損失。

如果智慧財產與物質財產在施與受上有如此差異，它們在買賣上也同樣有很大的區別。試想如果我要把一個點子賣給你，我便必須告訴你內容，你才能決定要不要買，但是我一旦告訴你內容，你可能也就不需要向我購買了，因為你已經獲得了這個點子。一個點子一旦給出去了，就不能再收回或拿走，基於這些特質，要說服人們花錢買點子，讓他們彷彿心甘情願花錢去買真實的物件一般，非常困難，因為很難釐清究竟是為了什麼而付費。況且，即使你真的付錢買了我的點子，我也很難禁止你不去轉售我的點子，從我的智慧勞動裡獲取你的利潤。

當一個想法被說清楚後，幾乎不需要任何花費就可以被輕易複製，這是最基本的難處；一個點子如果被記錄下來、拍成影片、印刷出去，或者對外解說，立刻就失去它的獨佔性。智慧財產中的「財產」兩個字，只是象徵性的說法，我們創造專利法、版權法、商標法，目的是想讓智慧財產變得比較接近真實財產，讓擁有權的釐清變得比較容易，但實際上還是不那麼簡單。

我們可以舉一個例子來了解這些問題：笑話——這是一個沒有受到智慧財產保障的領域。當某人創造了一個好笑的笑話之後，可以像野火那樣快速蔓延開來，很多人都會從中獲得樂趣，可是這個笑話的原始創作者，卻不會收到任何金錢上的報酬，也不會得到笑話「作者」身分的認定。經濟學家會擔心此一現象：如果完全沒有酬勞的話，將來還有誰願意創造笑話呢？所幸他們的憂慮並未成真，業餘和專業的喜劇演員仍然存在，而且他們偶爾還是會獲得相當大的報酬（雖然如果我們的世界演化到有一天，連聽重複的笑話都要付錢的時候，他們的報酬顯然會更加優渥）。我想喜劇演員之能生存，主要是因為很多笑話其實是在於他們表演說笑話的方式，而非只是特定的笑點而已，所以喜劇演員能夠為他們的表演時間而收費。但儘管如此，有些習於創造大量笑話的喜劇演員，畢竟仍經常活在素材被盜用的恐懼之中。

相較於以說故事為表演基礎的同業，那些以大量而快速單句笑話為表演內容的喜劇演員，所承擔的風險就特別高，例如提姆·范恩（Tim Vine），有一陣子有封電子郵件瘋狂流傳，裡面引用了很多他的笑話，可是郵件裡卻說這些笑話的原始創作者是已經過世的老喜劇演員湯米・古柏（Tommy Cooper），結果范恩反而被不知情的人說他抄襲前人的老笑話。二〇〇九年，丹・安多波爾斯基（Dan Antopolski）的單句笑話，贏得了當年愛丁堡邊緣劇場（Edinburgh Fringe）的最好笑笑話獎，結果幾週之內，這個笑話就被無數業餘的喜劇演員在自己的表演中借用，甚至還被印製在T恤衫上，但沒有人註明安多波爾斯基為原作者，他也沒有收到任何版權費。

過去幾年來，英國喜劇界對笑話著作權的態度已經開始產生變化，但主流派（mainstream）和異質派（alternative）涇渭分明。異質派喜劇演員史都華・李（Steward Lee）在其著作《我如何逃避某種特定命運》（*How I Escaped My Certain Fate*）書中指出：「傳統上，主流派喜劇表演對素材不是很珍惜，不像異質派的同行那樣。對主流派喜劇演員來說，笑話只是笑話，猶如風和雨的自然現象，不受抽象的擁有權概念所限制。」史都華・李跟其他很多喜劇演員一樣，曾利用他們的幽默技巧對剽竊素材的人做出報復：主流派喜劇演員喬・派斯瓜立（Joe Pasquale）曾「借用」了另一位喜劇演員麥可・雷德蒙（Michael Redmond）的笑話，史都華大不以為然，就在他的電視節目《九〇年代喜劇演員》（*'90s Comedian*）表演中，詳細談論了事情的來龍去脈，然後講了一個精心營造的笑話，是喬・派斯瓜立不可能盜用的。就像兒童電視節目《大野人》（*The Mighty Boosh*），對早餐食品糖泡芙（Sugar Puffs）在廣告中抄襲了他們的部分橋段深感不滿，於是就在他們的舞台表演中，故意加上了一個情節殺死蜂蜜怪獸（Honey Monster）——即糖泡芙品牌所使用的吉祥物——做為報復。

相較於喜劇演員的缺乏保障，有些智慧財產的保護極為頑強，例如〈生日快樂歌〉（Happy Birthday to You），是《金氏世界紀錄》（*Guinness Book of Record*）中最多人認得的英文歌曲，曲子始於十九世紀末期美國肯塔基州（Kentucky）的一家幼稚園，兩位希爾姊妹（Mildred J. Hill & Patty Smith Hill）寫了一首〈大家早安歌〉（Good Morning to All），在一日之始迎接來上課的小朋友們。這首歌在一八九三年被收錄在童歌選輯《幼稚園之歌的故事》（*Song Stories for the Kindergarten*）出版，後來有人把歌詞改寫成生日快樂歌，但已經沒有人知道是誰在何時修改。一九三五年，芝加哥（Chicago）克萊頓．山米出版公司（Clayton E. Summy Publishing Company）將〈生日快樂歌〉的版權註冊在第三位希爾姊妹——潔西卡（Jessica）——名下；潔西卡在法庭上成功證明了〈生日快樂歌〉和〈大家早安歌〉之間的相似之處。山米公司後來在一九七〇年代被樺樹有限公司（Birch Tree Limited）蒐購，而樺樹公司又在一九九〇年代被華納．查伯爾（Warner Chappell）兼併，今天，〈生日快樂歌〉的版權屬於一個叫山米．伯爾恰德音樂（Summy Birchard Music）的部門。

這首歌的版權非常嚴格，據估計每年可賺進二百萬美元（合新台幣約六三六五萬元）的版權費。二〇〇三年，華納．查伯爾向紀錄片《公司》（*The Corporation*）收取了一萬美金（合新台幣約三十二萬元）的版權費，才允許他們在片中播放〈生日快樂歌〉。這是為什麼我們很少在各種電影裡聽見這首歌的原因，導演們通常寧可選擇沒有版權問題的另一首歌代替——〈他是個快樂好傢伙〉（For He's A Jolly Good Fellow）。對未來的新進導演們來說，好消息是版權有年限，〈生日快樂歌〉的歐洲版權在二〇一六年到期了（希爾大姊 Mildred 過世滿百年），美國版權則要到二〇三〇年才會期滿。

不過〈生日快樂歌〉屬於特例，比較常見的狀況是智慧勞動者必須掙扎奮鬥，才能保有自己的智慧財產。當然，在真實的商業世界裡，很少有任何一個念頭是可以獨立存在的，就像笑話往往還是得透過喜劇演員的表演才有娛樂效果，再聰明的點子，最好也是要透過某種具象的傳達——一本書、一張唱片、一顆藥丸或一項高科技裝備等——這些都是能用對物質產品的傳統保護手法來做交易的形式，然而這種保護的價值是相對小的，因為真正重要的核心價值是產品背後的聰明才智。

如果你覺得這些聽起來都過於抽象，不妨想想那些銷售報紙、音樂、化學製藥、或者流行物件的行業，如何保護他們的智慧財產，一直都是這些產業非常重要的環節，尤其數位複製的技術，幾乎已經可以將物質組成化整為零的今天，保護智慧財產更是這些產業最棘手的挑戰。

盜版對音樂產業來說，一直都是個令人頭疼的問題：在一九八〇年代期間，空白錄音帶的盛行導致業界推出一場運動，宣稱「在家私錄殺死音樂」（Home Taping is Killing Music）。和今天唱片公司所面對非法下載的風起雲湧，過去消費者在家裡用空白錄音帶錄製音樂的行徑，簡直像一段太平歲月；現在要保護音樂，幾乎跟保護笑話一樣困難。二〇一〇年，環球公司（Universal）——世上最大的音樂公司——數位部門副董事長法蘭西斯．基凌（Francis Keeling）坦承，這場仗基本上已經打輸了：「你可以防止盜版嗎？不可能。」基凌在一個音樂會議上說。「我們在有些市場，例如西班牙與義大利，大家會說：『你買音樂？可以免費下載，幹嘛花錢買呢？』」在像西班牙這樣的國家來說，這種態度對當地音樂的負面影響相當可怕。二〇〇五至二〇一〇年之間，西班牙歌手／音樂家的唱片銷售量下滑了六五%，導致唱片公司轉而把心力投資在英文歌手／音樂家身上，因為他們有較大的國際吸引力，其結果是讓西班牙（及其他情況類似的國家）慢慢變成了「文化沙漠」——借用另一個音樂製作人的說法。

亞馬遜網站（Amazon）現在在美國所銷售的電子書數量，已經超過精裝版和平裝版，而數位盜版也是出版業界開始面對的重大威脅。在印度，暢銷書的非法盜印擁有龐大的市場，對出版社的銷售業績（以及作家的版稅）造成嚴重的殺傷力，有些出版社最後能夠成功地將盜印版移出市場，但這需要花費大量的時間、金錢，且必須動用律師才能夠解決問題，這些資源原本可以用來促銷他們的出版品。

有位編輯告訴我，幾年前他曾想購買板球選手沙金・田杜卡爾（Sachin Tendulkar）的自傳版權。田杜卡爾是板球界歷久彌新的偉大選手之一，稱得上是印度偶像，因此他的自傳很有潛力成為暢銷書，但因為印度將是本書的主要市場，在盜印猖獗的情況下，出版社很難把握正式的銷售數據，所以版權預付金的估計數字變得很低，使原先的計畫失去了可行性。不過田杜卡爾的書最後能問世，是因為他的出版社想出一個杜絕盜印的奇特絕招：一共只印十本，每本售價訂為四萬九千英鎊（合新台幣約一九四萬元），這本命名為《田杜卡爾作品》（*Tendulkar Opus*）的書籍長達八五二頁，重達三十七公斤，裡面包括一張簽名頁，內含田杜卡爾的血跡。——雖然科技的進步非常快速，想來要成功盜印該書，可能還需要幾年的時間才做得到吧？

對於專門在非物質世界裡從事生產及貿易的公司與國家來說，有一個事實值得注意：當某個具體物件的市場正熱時——例如汽車——通常會推出很多不同的類型同時販售，於是高品質、高價位的產品，會和低品質、低價位的產品共同競爭，而市場也自然會因應不同買家、不同預算、不同品味而做出不同的區隔，產製者則會根據自己的目標族群來形塑產品定位。那麼在意念的市場裡，又會出現怎樣的競爭呢？因為複製思想的花費是無形的，所以好點子通常會戰勝壞點子，變成贏者全贏的局面；因為發行一個好點子很簡單，所以最好的點子往往可以百分之百獨佔市場。

在智慧財產的世界裡，散播的花費相對低廉，因而市場的改變非常迅速，得失可在轉眼之間。在物質經濟裡，Toyota 花了幾十年才取代通用汽車，相對地，Google 沒花多久就領先了 Yahoo!，成為一九九〇年代末期的搜尋引擎之王，同樣地，J・K・羅琳也在短短幾年之間，就從一個三餐不繼的小作家躍身為暢銷全球的大作家。

當然，像上述這麼極端的例子相當罕見，不過智慧財產的世界畢竟反覆無常，你可以擁有最受歡迎的產品（例如 MySpace），但一兩年之後當有更好的產品問世時——例如臉書（Facebook）——你馬上就被打入冷宮，無人問津。在智慧財產的世界裡，生活是很沒有安全感的。

而且對此領域的商業公司來說，還有一個困難的挑戰，亦即競爭對手可以看得到你所做的，然後在無意間發現了某種小改進，就可能搶走了你的全部市場——這在化學製藥界是真實發生過的案例。

泰胃美（Tagamet）是一種治療胃潰瘍的藥，成分為甲氰咪胍（Cimetidine），由 Smith, Kline & French 藥廠於一九七六年推出，它是治療胃潰瘍的科學性突破，藥物的使用大量減低了需要開刀的病患人數。五年之間，泰胃美成為有史以來銷量最高的處方藥，但在一九八〇年代初期，Smith, Kline & French 的對手之一——Glaxo 藥廠——發展出自己的胃潰瘍藥物善胃得。泰胃美和善胃得之間的差異，跟泰胃美和先前任何治療胃潰瘍的藥物相比，根本不可同日而語——善胃得採用和泰胃美一樣的科學原理，但在最後的結果上做了一些改善：善胃得的藥效比較強，臨床實驗證明對胃潰瘍的療效比泰胃美高出六％；它比泰胃美的副作用更少（泰胃美的副作用本來已經不多）；而且使用更方便，因為患者一天只需服用兩次善胃得，但需要服用四次泰胃美。

這些差異都不是很大，美國食品藥物檢驗局（US Food and Drug Agency）甚至有一份報告指出，沒有足夠的數據可以證明善胃得的作用和安全性優於泰胃美。你或許會認為，善胃得比泰胃美的效力僅僅略勝一籌，所以在市場上的銷售可能只比泰胃美略高一些，不過如果考量泰胃美在市場上已經站穩腳步，加上價格較便宜，那麼說不定兩種藥物在市面上的銷售會勢均力敵。然而在實際上，善胃得徹底擊垮了泰胃美。

善胃得於一九八三年在美國登場，第一年的銷售額就達到了一億三千四百萬美元（合新台幣約四十二億八〇八七萬元），是處方藥的新高峰。它的初始市佔率為八．九％，到一九八六年已升高到四四％，再隔一年即突破五〇％，成為全美銷售最多的處方藥，並讓 Glaxo 公司財源廣進：一九八四年，公司的收入增長五倍；一九八五年，營業額上漲七六％；一九八六年，再增七五％。於是 Glaxo 從全美第二十大藥廠一下晉升為第九大，善胃得也成為第一個銷售量突破十億美元（合新台幣約三二〇億元）的藥物，為《金氏世界紀錄》添上新的一筆——足以讓泰胃美的製造者氣到胃出血！

其實，Smith, Kline & French 藥廠也有可能自己發展出善胃得，因為這本來就是智慧財產世界裡的賺錢之道：當你的對手在複製、修改、或者轉售你的舊點子時，你要確保自己已經在開發下一個新點子。不過說得容易，實踐極難，就像教導運動員如何跑得更快的訓練手冊可以說得頭頭是道，但又如何身體力行？在某個產品上有領先強項的公司與國家，不見得永遠無懈可擊，因為他們無法保證自己可以永遠比別人聰明。是的，他們可以盡其所能開發既有專長所帶來的先天優勢，好在下一輪競爭展開之前先佔好最佳位置，但沒有人可以確保一旦真的起跑之後，他們就必然會是贏家。

當商業公司選擇在智慧財產世界操作時，他們會遭遇特殊的挑戰，國家也一樣。隨著經濟逐漸朝遠離體能勞動的產業演化，經濟的權力分配發生改變，通常會往社會不均的方向移動。容我用一個高度簡化的例子來解釋這個現象，讓我們來探討J．K．羅琳經濟學。

羅琳是英國人，她的作品備受歡迎，使她成為全世界最大的智慧財產製造者之一，她同時也是全球化受益者的一個極佳例證。她並不只向英國人，或者只向全世界說英文的小朋友銷售哈利·波特，而是至少在全球銷售了四億本書籍，包括中國和印度的市場。她在這兩個國家能夠獲得龐大的利潤，是因為這兩個國家的人民賣東西給我們賺了錢，所以他們的消費者有經濟能力向我們購買產品。此外，因為在中國或其他地方可以低價生產物件，產製哈利·波特周邊商品的成本已比從前便宜，所以羅琳（或者更精確地說，應該是她的出版社和授權公司）有機會比過去更廣泛開發哈利·波特的商機。

從創造哈利·波特而累積的全部收入極為可觀：書籍的版權費、周邊商品的權利金、電影的版權費、從丹尼爾·雷德克里夫（Daniel Radcliffe）——因飾演哈利·波特而在演藝界大紅大紫的演員——派生出來的收入，以及從拍片徵收的攝影棚及場地費用等等。這些都是對英國很有用處的外銷歲收。我們很難準確估計在不同國家的開銷，不過，哈利·波特電影一共耗費將近十億美元（合新台幣約三二〇億元）拍攝完成，每一部都賺取了逾七·五億美元（合新台幣約二四〇億元）的票房，其中英國市場佔不到十分之一，也就是說，九〇％以上的收入來自海外，再加上四億本書籍行銷世界，可見哈利·波特是一個規模龐大的生意。當然，許多電影票房是進到世界各地的電影院裡，就像很多利潤是進到國際電影製片廠的口袋裡，還有很多賣書的收入是由當地的書店取得，所以我們應該注意不要過度誇大所謂的利潤，但其中最有意思的收入項目，還是進到羅琳自己身上這一筆。

根據二〇一〇年《星期日泰晤士報》（*Sunday Times*）的「最富有名單」報導，羅琳已經累積到價值五億英鎊（合新台幣約一九八億元）的資產，而這個數字並不浮誇。也就是說，在她持續創作哈利．波特小說的十年裡，羅琳平均每年創造五千萬英鎊（合新台幣約十九億八四一六萬元）的財富；拿製造業相比，如果一間製造公司平均每年每個員工有五萬英鎊的產值，那麼羅琳就相當於一家僱用了一千名員工的製造工廠，以每個員工年薪二萬五千英鎊（合新台幣約九十九萬二〇七九元）來計算，公司的利潤仍然非常豐厚。

這就是智慧財產大量散布所獲致的效果，不像製造產品，一次只能生產一個；單一的一個哈利．波特，就可以幾乎同時滿足數量龐大的所有群眾。一個作家，一個小男孩，一個對人類的巨大貢獻。如果是一家小型工廠，一千名僱員的收入都會增加，但在哈利．波特的案例中，這些收入都累積到了羅琳的帳戶裡。從英國的整體數據來看，一家一千人的工廠跟一個J．K．羅琳價值相差無幾，兩者都會顯示大筆收入進到了英國；相當於價值五千萬英鎊的外銷，付給了在中國製造的幾百萬套 Berwin & Berwin 西裝。但你如果沒能寫出哈利．波特而無力購買那些產品的話，那麼這些收入對你個人卻不是很有意義。

所以當我們的經濟向上層市場移動，走向分配不均的智慧財產經濟，並非毫無爭議。比起商業公司在物質世界裡的彼此競爭，智慧財產界的勝利者比較容易征服整個市場，全盤拿走，而做為一個國家，或許我們在創造智慧財產方面，天生具有特別優越的技能。

所幸在真實世界裡，勝利者與失敗者之間的不平衡程度，並沒有像我所描述的那麼嚴重。羅琳需要花錢，雖然她可能不會想買一整貨櫃在中國製造的西裝，但她可能需要整理花園的幫手，而只要她開始把賺來的版稅用來聘僱人手，她的員工就有機會去購買某些進口商品。羅琳也是一個慷慨的人，捐贈了大筆款項，這些受贈者，以及因為她的慈善事業而獲得聘用的人員，都從她收入所創造出來的各種資源受惠，同時，這些人也會在國內產製的物件上做某些消費，於是作家的財富因此在英國的勞動市場上散布得更遠、更廣。我們還不應或忘，羅琳會繳稅，透過納稅的方式將使她的部分收入變成了公共財。

此外值得一提的是，隨著我們的社會變得越來越中產階級，工廠僱員和園丁越來越少，但卻會有越來越多下一個J・K・羅琳。大量等待出版的兒童小說手稿，將使出版社比較容易以符合商業利潤的價格取得合約，從而讓將來的羅琳比較難以賺到天價，即使他們的書籍也暢銷了；然而在另一個方面，園丁的收費會越來越高，因為在眾多想要寫書的知識份子當中，願意從事園丁工作的人越來越少。這將使最近幾十年來西方世界所發生的不均等趨勢，重新獲得一些平衡，但無論這將對哈利．波特經濟「勝者全拿」的現象帶來多少改善的成效，優勝者還是會取走很大一部分的市場與資源。並非所有的收入都能涓滴下流；下流的數量可能無法滿足全體英國員工所期待的生活水準。簡言之，一個建築在智慧財產上的經濟，對於缺少智慧財產的人來說，將更為艱苦。

還有另一個可能，會讓問題變得更趨兩極化：對所有國家來說，J．K．羅琳的世界充滿了吸引力。如果她相當於一間價值五億英鎊的一人工廠，世界各國都會很歡迎她的到來，以便讓她在當地僱用園丁、消費、納稅，而為了吸引羅琳，各地的稅制也會避免做出過於嚴峻的重新分配。而因為有那麼多充滿吸引力的國家可以任君挑選，很多菁英便會在比較各種優惠條件之後，選擇對他最有利的地方居住。

這是為什麼很多國家的移民法規，會對資訊科技專家與醫師較寬鬆，但對非技術勞工較苛刻的原因；這也是為什麼全世界的大學都想爭取最有天分的科學家；這更是為什麼最高稅率不是那麼高的緣故（我們都聽過這樣的論點，如果我們對國家最有生產力的公民課徵過高稅率的話，他們全都會申請移民，國家反而就失去稅收了）；這還解釋了為什麼英國仍保持非國籍居民（non-doms）的特殊納稅條件——這就是說，居住在英國但非英國籍的人們，他們只需針對在英國國內的收入繳稅，不需計算他們在其他地方的收入，這和英國籍居民所需遵守的規定是不同的。西班牙在二〇〇五年改變稅制，目的就是想讓西班牙能夠吸引國外的有錢人到此定居，而因為英國足球明星大衛·貝克漢是第一個率先響應，移民到西班牙加入真實馬德里球隊（Real Madrid）的人，此稅制乃獲得「貝克漢法律」的綽號。

大衛·貝克漢可能並不符合每個人對「知識工作者」（knowledgeworkder）的定義，但在智慧財產的世界裡，他是。貝克漢是一個品牌、一個行銷奇蹟、也是一個創意人才，在他的巔峰期，他可以踢九十分鐘的足球，讓成千上萬的球迷如癡如醉，心甘情願花錢去看他的球賽。其實，在很多方面，他跟諾貝爾物理學家、或者印度鋼鐵界鉅子都有雷同之處：這類頂級人才都有極高的移動力。當然，貝克漢移民全球的決定，會受到何處有菁英球隊的限制和影響，因為他還是希望在足球上有最大的收穫與進展，就好比最優秀的學者會想去頂尖大學落腳，所以他們都不是想去哪裡就去哪裡。然而相較於大多數的人而言，他們可以選擇的地點比我們多太多了，而且他們幾乎可以自己訂定條件，因為對很多國家來說，有一個貝克漢、一個頂尖學者，或者一個J·K·羅琳當居民，衍生出來的經濟利益非常值得。

哈利．波特經濟的例子雖然有點特別，但對於過去幾十年來，我們的經濟如何走向上層價值鏈，轉讓其他國家從事某些我們過去曾經做過的事情，卻呈現了相當真實而清楚的寫照。所有的經濟轉型都很容易令人迷惘；隨著新技術受到重視，會出現新的輸家和贏家。在智慧財產主導的世界裡，聰明人欣欣向榮，缺乏技術的人不免受苦；動腦的工作報酬較高，但體力工作卻不。這些發展對中間階層產生了重大的影響——為數眾多的中產階級大學畢業生，使具備這個身分的人變得越來越難出人頭地；隨著大學畢業生人數不斷增加，其薪資開始持續下降。

或許有人會說，最近幾十年來，貧富不均增加幅度最大的國家——如英國——正是那些成功走向高端產業的國家。多數人可能都會贊成，我們不應該和中國與印度在低價製造業裡競爭；所有的西方國家都汲汲營營想要比對手更聰明。但是當我們邁向成功之際，我們也付出了代價，不僅智慧財產領域中的公司缺乏安全感，必須不斷謹慎保護他們的不具象資產，連社會也受到負面的影響。

對於那些感覺彷彿在過去十幾二十年被世界遺棄的人們——那些不善於寫書、發明遊戲、設計建築，或者開發治療癌症新藥的人們；那些不斷被告知一定要上大學，要不然找不到好工作，或者在現代經濟裡沒有非技術勞工立足之地的人們——我有一些好消息可以報告：這個世界並未停止轉動。當中國在過去十年來，為製造業的勞動市場提供數百萬名額外的工作人口時，他們也正加緊腳步步上我們的後塵。他們當然注意到我們在英國以產製高價值物件享受著豐厚利潤，而他們正在為低廉的報酬辛勤工作，因此他們也想向上層價值鏈移動。你可以預期在未來十年內，中國經濟將會向我們的經濟靠攏，意味著他們也將向世界提供大量接受良好教育的工作人口，而經濟供需法則告訴我們，這表示上層社會的薪水將會開始被壓低，使社會底層逐漸恢復平衡，因為有越多聰明人彼此競爭，他們的收入就會相對減少。

我們還是會致力追求搶先一步，但我們不能保證永遠都能如願以償。新興市場已經開始追上我們，他們的腳步追得越近，對經濟專業端的影響就越大——工程師、設計師、市場行銷專業人才——許多我們現在做得比別人更好的事情，很難想像人家將來不會做得跟我們一樣好，甚至更好。一九八八年的夏季奧運會上，中國只獲得五面金牌，但二十年後的北京奧運會，中國已贏得五十一面金牌。不消多久，中國也將能自己製造噴射引擎與化學藥品；而正如我們富裕之後，開始變得很在意品牌與行銷，中國亦復如是。

李寧公司就是一個良好的見證——這是我在上海邂逅的體育品牌。我曾讀了一點有關這個品牌的資料，似乎是以愛迪達（Adidas）與耐吉（Nike）為模型，但當我走進市中心的旗艦店時，我才發現中國學得多快，已經懂得運用所有技巧來發展本土品牌。舊的李寧商標很顯然是引用耐吉的設計，而舊的李寧標語「一切都有可能」，也很像是從愛迪達「沒有不可能」（Impossible is nothing）的輾轉借用。但是李寧演化得很迅速，現在已有新的商標，是從李寧身體的姿勢自己設計出來的；李寧是奧運體操選手，有體操王子之稱，也是李寧公司的創始人。公司還有個新的標語「做出改變」，所要傳達的信息非常明顯：你不需要昂貴的西方品牌來展現你想擁抱的價值。第一步先模仿，接下來就可以自己發明。

我和行銷經理吳辛蒂（Cindy Wu）見了面，她在西方學習了行銷技巧，然後帶回中國，今天的她已經掌握了各種有關品牌豐富的知識與技能，而且我被李寧公司的規模嚇一跳——二〇〇九年，年營收已達到一億美元（合新台幣約三十二億元）了。在拍攝《英國製造》紀錄片期間，我們也去參觀哈爾濱啤酒的電視廣告拍攝現場——這是一個地區性的產品，企圖提升全國知名度與品牌吸引力。廣告的預算很高，背景設在一艘（假的）遊艇上，如果我對西方的消費文化和創造品牌的能力存有任何優越感，在那一天已全部一掃而光。在那支廣告片裡，確實有一家西方廣告公司參與，但是中國「從產製中學習」的技巧，在每個產業裡都應用得上，因此不用很長時間，中國將不再需要西方的幫助，自己就能大量生產走在時代尖端的廣告！

這個前景令許多人都深感恐懼，如果其他國家也能學到我們現在自視甚高的技能——如果中國也開始製藥、創造高級品牌、設計噴射引擎——那麼我們將來要賣什麼呢？應該如何謀生？對於這點，我倒不特別擔心，因為我相信我們會找到調適的方法，就像過去以來一直做到的那樣。當中國開始製造噴射引擎的那一天，世界已將是個很不一樣的地方，最起碼，屆時噴射引擎想必已降價，而如果我們竟然沒能察覺趨勢的改變，恐怕也是傻得可以，所以我希望我們也已朝向另一個不一樣、更有利潤的利基市場去發展了。或許我們又將開始產製西裝也不一定，因為當中國從這個場域撤離之後，製造西裝的價格又將會重新飆漲；或許經濟平衡的力量將朝向藝術發展，因為中國和印度的大學學府會生產許多工程師，最有利可圖的職業生涯可能變成是陶藝工匠。我唯一能確認的是，轉型不會平順（從來都不平順），但是一個有天分、有創意的國家，也不可能坐以待斃。我們在智慧財產領域中所創造的領先優勢，值得嘉許，就像我們在製造業開創的前鋒史也值得嘉許一般，然而我們不能停滯不前，無論將來要朝向哪裡發展，必然需要更多智慧。

經濟的知識化（intellectualisation），並非過去三十年來唯一變得明顯的趨勢，英國是幾個大經濟體中，往服務業領先發展的國家之一，接下來就讓我們談談這個產業。

第IV部

服務業

Services

10 — 服務業的優點

這恐怕是每個水手的夢魘：二〇一一年二月三日晚間，一個獨力穿越大西洋，企圖從加納利群島（Canary Islands）航行到瓜德羅普（Guadeloupe）的法國遊艇駕駛，突然發現他的船進水了！他的小遊艇（名為 Nacouda）根本敵不過當晚時速三十英里的強風，以及高達十公尺的巨浪，於是在距離波多黎各（Puerto Rico）東岸一千二百海里遠的位置上，這名遊艇駕駛決定棄船，搭上緊急救生艇逃生。

所幸法國水手有接受一家英國衛星通信公司（Inmarsat）的服務——這是一個頂尖的全球性衛星通信服務，以十一個衛星和九個軌道位置，提供全面覆蓋的通信，包括大西洋茫茫滄海中一個孤伶伶的小點。就這個案例而言，這名水手發出緊急呼救電話，電話被轉接到位於美國維吉尼亞州（Virginia）的海岸警衛隊，警衛隊立即鎖定當時距離救生艇最近的船隻，是一艘菲律賓商船（名為 MV Sebring Express），六個小時後，這艘商船在海上救起了這位法國水手。根據美國海警隊少將狄恩．李（Dean Lee）的看法：「這個人的應急指位無線電示標（Emergency Position Indicating Radio Beacon）救了他一命……使救援者能夠儘快回應他的準確位置，這是他能夠被找到，而且是被活著找到的主要原因。」

我提及這個海上救難的故事，只有一個理由：我想要顯示，和很多人的鄙視正好相反，服務業可以是非常重要的產業。誠然，在服務業裡沒有一個具象的產品，但這並不意味著它毫無價值，或者不能外銷，或者就僅有朝生暮死的效果。對於那些認為服務業很窩囊的讀者來說，本章的目的是希望能夠改變你的偏見。

很遺憾，人們對服務業的偏見行之久遠，要不然英國的服務業恰好是全球的佼佼者，我們不應低估自己國家在這方面的實力。在本書第二章，我指出合理運作經濟的幾個基本原則，包括把經濟建立在擁有的豐富資源上，把資源用在最高價值的活動，以及不斷隨著外界環境的變遷而因應改變。在第三章裡，我解釋了英國經濟的重要特色之一，在於全球整合的本質，無論你認為這樣是好是壞，英國就是一個具有都會時尚特質的開放貿易經濟。在這一章裡，我要說明上述兩大特點如何彼此結合，使我們變成一個在服務貿易上的大國。我認為我們的服務經濟，大體上是合理運作經濟在各種條件之下經過邏輯考量，最後出現的一種自然結果，我也支持我們做為各種服務網絡中心的利基點，不過我說「大體上」，因為我在下一章將會指出，為什麼我認為有些服務產業相較於我們的經濟規模，已經發展得過於龐大，然而在我闡述保留態度之前，我還是想先擊破任何反服務業的固執迷思。

有關我們的服務業如何從英國的國際角色蛻變而來，剛剛提到的英國衛星通信公司是一個相當好的範例，這家公司最早起源於一九七九年的國際海事衛星組織（International Maritime Satellite Organizztion，簡稱 Inmarsat），是一個不以營利為目標的國際機構，在聯合國國際海事組織（United Nations International Maritime Organization）授意下成立，股東為聯合國的各會員國，直到一九九九年，Inmarsat 成為第一家由跨政府機構轉型為私人公司的個案，業務分成兩大部分：其一是商業公司 Inmarsat plc，其二是獨立的監管機構 IMSO。Inmarsat plc 在二〇〇五年於倫敦證券交易中心（London Stock Exchange）正式掛牌上櫃，並從二〇〇八年起名列倫敦金融時報指數（又稱富時一〇〇指數，即 FTSE 100）公司之一。

海事安全仍是 Inmarsat 最卓越的服務項目，它也是唯一提供船舶和飛機免費全球海上遇險和安全服務（Global Maritime Distress and Safety System，簡稱 GMDSS）的公司，所有大型船隻依法都必須在船上裝置 Inmarsat 系統。不過它的移動通信網絡也可以提供其他服務項目，例如為船隻提供寬頻服務，讓出海的船員們在海上可以瀏覽臉書。在沒有可靠的地面網絡系統差堪使用時，衛星通信在陸上與空中也都可以派上用場，例如當亞希颶風（Cyclone Yasi）在二〇一一年二月狂掃澳洲昆士蘭（Queensland）海岸時，許多地面系統慘遭破壞，衛星通信就發揮了重要功能；或者在二〇一〇年秋天，位於智利阿他加馬沙漠（Atacama）地區的聖荷西（San José）礦坑坍塌，三十三名礦工被困，成為當年轟動全球的新聞，Inmarsat 也讓廣播機構可以將營救礦工憾人心弦的故事，透過他們的衛星技術做現場直播。

英國衛星通信公司不產製電話，也不產製衛星，它賣的只是在衛星和電話之間的通信，因此它是一個服務公司，但是要確保通信良好，已經是件夠複雜的工作，足以讓公司花高薪聘僱許多專家，也足以讓公司賺取可觀的外銷收入—— Inmarsat 在二〇〇九年的營業額是十億美元（合新台幣約三二〇億元），其中很大一部分收入是來自英國境外。

英國衛星通信公司當然不能算是一個服務業典型的例子，但很難說什麼是典型的服務業，因為這個類別太廣泛，不能當成一個有用的經濟術語。有超過四分之三的英國經濟可以算是服務業，從擦洗窗戶到國際金融都包含在這個領域裡，甚至在製造業大國如德國與日本，他們也有超過三分之二的經濟屬於服務業的範疇。換句話說，很多人刻意區分我們的服務經濟和他們的製造經濟，但追根究柢，我們只是在爭辯兩造整體經濟裡不到十分之一的差別而已。這也就是說，「服務」這個詞，基本上只是一種慣性的說法，可以用來形容大多數已開發經濟裡大多數人在做的事情。

專門為經濟活動分類的統計學家已經承認，越來越難做出黑白分明的類別區分，例如在有關英國製造業的數據裡，包括一些已經不在英國國內製造產品的公司，但因為他們在國外產製物品，還是會被歸類到製造業，但他們在英國境內的經濟活動真的可以稱為製造嗎？或者更準確地說，應該將之視為管理服務？就算是那些真的在英國國內從事製造業的公司，通常也會僱用許多服務人員，因為這些公司會有行銷部門、法律部門、人事部門和會計部門等等。在工廠生產線上製造出來的價值，到底佔據一個公司產出值多大的比例，非常難以估算，因為公司全體員工都各別做出了不同的、小小的貢獻。

如果我們真要對服務業做一些比較明確的區分，或許差別在於有的服務業屬於「面對面」性質，亦即服務提供者和顧客必須處於同一位置，才有辦法提供服務；但另外有一種服務，兩者是可以分開的。按摩很顯然屬於面對面的範疇，事實上，所有的個人性服務、批發零售服務（除了郵購和網購之外）、餐飲旅館服務、交通、郵件與物流服務、大部分的健康醫療與教育服務等，都屬於這個類別；剩下的服務業則多不受地理位置的限制，例如金融、法律、會計、廣播和電信服務等等。當然，上述定義仍不是非常精確，因為很多服務項目可以用不同的形式來提供，而且科技的進步也不斷在改變界線。不過，如果我們很籠統地將英國的生產加以分類，面對面的服務業約佔全國產出值的四五％，非面對面服務則佔三〇％左右。

兩種服務產業間的區別很重要，因為面對面的服務顯然很難走上國際貿易的路線，還沒有人找得到可以大量外銷按摩、餐點、理髮等服務的辦法——你不能把這些服務用貨櫃裝箱運到美國或中國去賣——而這也是我們的經濟轉向服務外銷發展帶來的隱憂所在。如果我們需要更多外銷——正如本書第六章所解釋的，我相信我們需要更多外銷——一個很重要的問題是：我們可以仰賴服務業來達成這個目標嗎？

答案：可以，只不過有個限度。比起其他任何大型已開發國家，英國堪稱服務外銷的先驅者。我們的外銷服務領先所有歐洲國家，若以人均生產總值來看，英國的服務業遠遠超出美國、德國與法國，即使不包括金融服務業在內，英國在其他方面的服務產業仍具有舉足輕重的地位。

整體而言，自從一九六六年以降，我們每年在服務貿易上持續有盈餘。二〇一一年，英國外銷將近一千九百億英鎊（合新台幣約七兆五六二七億元）的服務，超出國家全部收入的一〇％。當然，我們也進口服務——價值約一一八〇億英鎊（合新台幣約四兆六九六二億元）——這七百億英鎊（合新台幣約二兆七八五九億元）從服務業創造的盈餘，對於物品貿易逆差的一千億英鎊（合新台幣約三兆九七九八億元），可謂不無小補。

所以，這些看不見也摸不著的服務產品，其中有些還必須面對面才能提供給顧客，是如何從來自世界各地的客戶身上賺到這麼多外匯呢？我們必須從三方面來回答這個問題：第一個方面，也是最簡單的回答，有些服務不需要面對面提供，因此這些工作都可以在英國國內進行，而從國外獲取龐大的收入。保險與金融服務業，很明顯就是屬於這一類型，它們的產值也特別高（當然我們也必須格外注意金融危機所造成的負面影響）。

不過，其實面對面服務也可以外銷，當英國民眾或英國所屬的公司到國外工作時，便成了服務業外銷收入的第二個管道。至於第三個管道，也是最有趣的面向，則是外國人到英國來消費。

為了實地了解英國人在國外的工作情形，拍攝《英國製造》紀錄片期間，我造訪了杜拜（Dubai）——阿拉伯聯合大公國的酋長國之一，存在許多英國的商業利益，同時它也是一個非常奇特的國家，難怪很多人對它都有迥異的反應。有些人認為它充滿活力且令人興奮（雖然它有一度把錢用完了，必須仰賴阿布達比周轉紓困）；有些人把焦點放在諸多移工的困境（各種虐待勞工的醜聞不絕於耳）。但是英國和杜拜做交易卻義無反顧，阿拉伯聯合大公國每年吸收來自英國二十億英鎊（合新台幣約七九六億元）的服務外銷，絕大多數的服務都是提供到杜拜。

我們不難見到交易的基礎：杜拜是個年輕的國度，人口從一九六〇年代的幾萬人，增加到今天的二百萬人。這樣的成長速度使其需要協助，而英國做為一個現代經濟行之有年的國家，在很多方面都有杜拜發展所需的專長，也因此可以把這些領域的專長銷售出去。

舉例來說，杜拜的地標之一是阿拉伯塔朱美拉酒店（Burj Al Arab hotel）——由於建築外型有如獨桅帆船，也被稱為帆船飯店——跟艾菲爾鐵塔（Eiffel Tower）一樣高，而因為帆船飯店建築在一座人造島上，使之可以很容易把不付錢的好奇大眾摒拒在外。設計此飯店的建築師來自阿特金公司（Atkins），是一家位於英國薩里艾普遜（Epsom）地區的工程與設計顧問公司，這也是一家全球性的公司，在二十八個國家僱用了一萬八千五百人，二〇一〇年的營業額達十四億英鎊（合新台幣約五五四億元）。阿特金在一九七九年於杜拜設立區域總公司，當杜拜酋長穆罕默德．本．拉希德．阿勒馬克圖姆（Sheikh Mohammed bin Rashid Al Maktoum）決意建造一棟具有象徵意義的巨大建築時，阿特金乃佔據了爭取合約的極佳位置。簡報上要求，要在杜拜眾多備受矚目的建築計畫中，造出一棟立即可以辨認、具有偶像地位般的大樓，而且要能反映出這個城市的欣欣向榮及其航海歷史。這是一項艱難、浩大的工程，光是與海爭地就花了三年，然後將四十公尺深的水泥灌進沙裡建造穩固的地基，而這棟建築本身，號稱擁有全世界最高的中庭，包含七萬立方公尺的水泥，以及九千噸的鋼筋。

帆船飯店是舉世公認最具指標性的建築之一，但只是阿特金公司在波斯灣幾樁大型計畫裡的一個項目而已；阿特金公司也獲聘建造新的杜拜地鐵網絡。此外，另一家英國公司——信佳（Serco）——也獲得了一份十二年五億英鎊（合新台幣約一九八億元）的合約，發展無人駕駛系統。有家報紙將信佳形容為「你從未聽說過的最大公司」，在為數可觀的產業中提供國際服務：在交通方面，除了杜拜現有的地鐵之外，信佳也負責操作倫敦的碼頭區輕便鐵路（Docklands Light Railway），以及哥本哈根地鐵（Copenhagen Metro）；在航空方面，他們為杜拜、巴林（Bahrain）和其他地方提供空中交通管控服務，共管理十九萬二千平方英里的上空空間；他們為英國、澳洲和德國的監獄提供管理服務；他們也為歐洲核子研究組織（CERN）提供維修服務——這是大型強子對撞機（Large Hadron Collider）的所在；此外，他們還管理教育機構和醫院。信佳在世界各地共聘僱了七萬名員工，但他們的總部設在英國漢普夏（Hampshire）的虎克（Hook）。

我林林總總述說這些，目的是要勾勒這種國際服務活動的規模和尺度，但凡在國外提供的服務，都不免遇到一個問題：對於像英國這樣的國家，如果我們想從服務外銷賺取外匯，好像德國外銷福斯汽車（Volkswagen）賺取外匯那般，那麼我們的潛力還是比較有限，因為服務產業很大一部分的價值是仰賴面對面的提供，而我們的公司在杜拜所創造的許多價值，終究是在杜拜進行，那麼很多產值就算不上是外銷了。

舉例來說，假設一個英國公司在波斯灣設計了價值一億英鎊（合新台幣約四十億元）的建築，大部分的開銷會用在當地任用的非英國員工，以便讓他們去具體建造這棟大樓。當一名印度營建工人在杜拜建大樓時，他的工作並不會為英國經濟製造收入。這棟大樓的建築師或許是英國人，但他們只會收到整棟建築預算的一%至二%，約莫一兩百萬吧？但在這二百萬英鎊的預算裡，很大一部分的花費會用在當地建築材料的供應商上。正如印度營建工人不會為英國創造外銷收入一樣，英國公司杜拜分部所聘用的印度繪圖員，也不會為英國賺取外匯，那麼最後還有哪些錢會回到英國呢？英國公司如果派本地職員去杜拜參與建築計畫，那麼這些人員（可能相對保守）的薪資，就會回流到英國，另外，公司從那筆二百萬英鎊的預算中，可能會獲得一〇%至二〇%的利潤，這筆錢也將屬於外匯賺進的款項。換句話說，我們可以為英國公司的得標，包下一棟價值一億英鎊的建築設計案而歡欣鼓舞，但這個案子對英國經濟所獲得的外銷產值，卻可能只有五十萬英鎊而已——這當然聊勝於無，但畢竟不能支付太多進口所需。

為什麼只有這麼小部分的現金會流回英國呢？因為在杜拜的國際服務真的是國際性的，而非英國的公司。阿特金與信佳公司在杜拜提供的服務，幾乎都要在杜拜進行——除此之外別無他法——而住在杜拜的職員並不會把錢匯到英國，所以只有公司所賺的利潤，而非整個工作的產值，能夠回到英國；也就是說，英國經濟獲得的只是蛋糕上的糖霜，而非蛋糕本身，因為在服務外銷領域裡，真正的財富是跟著人走的。

所以，接下來我們應該看看英國如何外銷面對面的服務。當一名印度繪圖員在英國的駐外公司工作時，他對英國經濟沒有什麼貢獻，可是當這個繪圖員到英國度假時，那麼他在英國的所有花費，就都變成英國的外銷產值，因為無論從理髮、餐飲到按摩，都是英國的工作人員從這個人身上賺取的外匯。如果這名印度旅客到牛津街（Oxford Street）購買英國製造的產品，那麼他在商店的消費自然就是外銷，即使他選擇購買的是中國製造的貨物，這家零售商店的銷售毛利也是屬於英國外銷產值的一部分。當外國人願意蒞臨英國，把他們的金錢付給在這裡工作的人口時，英國就成功地建立了在世界的立足之道。

正如當外國人來英國消費時，我們的服務變成外銷，當英國人到國外度假時，我們就是在進口別人的服務。數據顯示，以旅遊業和其他的短程旅行來說，我們在國外的消費，通常會是外國人在英國消費的兩倍，不過值得注意的是，並非所有外國人到英國旅遊都屬短期，於是我們來到了服務業外銷收入的第三種管道。

或許在各種服務產業中，在英國境內發生、外銷產值可達數十億英鎊的最佳案例，便是英國的教育，尤其是高等教育。在本書前面的章節中，我們已經看到尖端工程公司如BAE System，研發導向的產業如化學製藥，以及高科技創新公司如ARM等等，都需要高技術工作人員，而他們都受到英國大學的良好輔助。無論我們認為英國的學校教育正面臨什麼問題，英國的大學教育仍然受到舉世推崇，另外再加上英語教學系統，使來自其他國家的許多學生都很樂於到英國學府註冊求學，而只要每來一位，他們所繳的學費——為接受我們提供的服務而付出的費用——便為英國經濟帶來一份收入。你或許覺得把大學看成外銷產業非常奇怪，但英國大學透過國際學生而帶進英國的經濟價值，每年高達幾十億英鎊。

在英國的學生人口中，只有五%來自歐盟國家，有一〇%——將近二十五萬名學生——來自歐盟境外，這些國際學生以兩種途徑把錢帶進英國：首先，透過他們繳納的學費。國際學生的費用大體一年約在四千英鎊（合新台幣約十五萬八一五四元）到一萬八千英鎊（合新台幣約七十一萬一六九五元）之間，端視科系與學校而定，有些人的學費可能更高，例如一個來念醫學院的國際學生，頭兩年的學費可能每年要付到一萬二千英鎊（合新台幣約四十七萬四四六三元），接下來的三年每年要付二萬二千英鎊（合新台幣約八十六萬九八五〇元）當實習費用，總計學費可達九萬英鎊（合新台幣約三五五萬八四七六元）。以二〇〇七至二〇〇八學年度而言，英國大學的全部營收為二三四億英鎊（合新台幣約九二五二億元），其中來自國際學生的收入為二十九億英鎊（合新台幣約一一四七億元）。

但國際學生對英國經濟的貢獻不止於此，以二〇〇七至二〇〇八學年度的數字來看，他們除了學費之外，還在英國額外花了二十三億英鎊（合新台幣約九〇九億元）當生活費，再加上他們所帶來的國外訪客，又添上一億三千五百萬英鎊（合新台幣約五三億三七〇〇萬元）的開銷，換句話說，這二十五萬名國際學生，一共為英國經濟創造了五十三億英鎊（合新台幣約二〇九五億元）的外銷收入。

醫學院學生是這其中最有趣的例子，因為他們不僅要來這裡繳學費，居住期間需要在英國花（或許是他們父母的）錢，實習階段還會在我們的醫院裡工作。對一個國家來說，這簡直是一種得天獨厚的企業模式，如果我們居然能夠說服外國人付費到此地來工作。

在英國大學的非歐洲國際學生中，數量最龐大的是中國留學生——在二〇〇八至二〇〇九學年度裡，有超過四萬名——其次是印度。很重要的一點是，如果他們的國家不能因為向我們外銷製造產品而變得富裕，他們就不可能負擔得起讓這麼多的學子到英國留學，而為了讓他們可以花錢向我們購買較高價的物件（如大學教育），我們必須先把錢花在他們身上。這是貿易的自然法則。

伯明罕大學（Birmingham University）非常明瞭國際學生能夠帶來的各種益處，不久前剛慶祝了該校第一位中國留學生畢業滿一百週年慶。今天，伯明罕有來自世上一百五十個國家的學生，國際學生佔該校學生人口數的五分之一，這個數據在各紅磚大學（red-brick universities）裡相當普遍（紅磚大學意指十九世紀末、二十世紀初在英國主要城市建立的大學）。國際學生人數較多的大學，多半是以倫敦為基地的學府，例如倫敦學院大學（University College London，簡稱 UCL），國際學生人數佔三四％；帝國學院（Imperial College），三八％；以及倫敦政經學院（London School of Economics，簡稱 LSE），國際學生人數達六八％。

吸引新的國際學生到伯明罕是全年候的工作，該大學在中國、美國和印度都有永久性的駐點，並會透過與學校的合作訪問、參加展覽、電話聯繫、舉辦巡迴展等方式進行招生。中國、印度、馬來西亞、奈及利亞都被視為招收國際學生的重點國家，巴西和智利則被當成新興市場。整個招生流程的運作相當專業化且令人印象深刻，跟多國公司招募國際人才的模式有異曲同工之妙。

此外，招收國際學生有某種正向循環的作用：伯明罕大學的國際學生社群越大，就會促進越多個人、國家與文化間的交流，使教育和學習的環境更豐富；而當教與學的環境越豐富，就有越多國際學生願意來伯明罕就讀，使所有伯明罕的學生都能受益，無論他們是來自英國本土還是國外。

教育是我們國家經濟的強項之一，我們當然不是唯一會招收國際學生的國家，但我們所教導的國際學生人數卻相當驚人。二〇〇八年間，在英國接受某種高等教育的非英國籍學生共有三十四萬二千人，但在德國只有十七萬八千人。

我希望到此你已經被我說服，同意英國大學是值得我們驕傲的資產，但檢驗我們整體的服務業——尤其是那些必須仰賴外國人到英國才能享受到的服務領域——我不認為英國只有一兩項重要的產業值得說嘴，事實上，我們國家已經發展出一個具有普同性的企業模式，成為一個很多人願意前來消費的地方；我們扮演一個主人的角色，把我們的服務銷售給許多來來往往的過客。

讓我舉一個例子：碎片大廈（The Shard），號稱全歐洲最高的大樓，裡面融合了辦公空間、餐廳、香格里拉（Shangri-La）飯店集團（這是一個專門經營五星級設施的公司），以及住宅公寓等。

碎片大廈以倫敦橋（London Bridge）為基地，設計上運用了許多倫敦過去的歷史為靈感，根據大廈建築師的說法，塔頂「消失入空，猶如十六世紀的小尖塔，或是一艘很高的船上的桅頂。碎片大廈的建築乃深深植基於倫敦船桅與尖頂的歷史形貌」。然而很弔詭的是，它相當不英國！它是由義大利建築師皮亞諾（Renzo Piano）設計，皮亞諾先前還設計過巴黎的龐畢度中心（Pompidou Centre）；大廈的資金來自卡達（Qatar），建築人員則有很大一部分來自非英國勞工；香格里拉飯店是由一家香港公司經營；我去參觀時的印象是：住宅公寓的數量很少，而它們的銷售對象大概都是非英國居民。但無可諱言，碎片大廈的地點，正是倫敦通勤者的集散中心之一。

你也許不禁懷疑，英國讓自己變成立陶宛人付出勞力建造、義大利人設計、阿拉伯人擁有、俄國人購買的公寓所在地，究竟對英國有什麼好處？

類似上述的經濟活動當然有不少潛在的問題，不過對英國和英國人民來說，它還是會創造收入，因為英國可以徵收某些稅金，也可以銷售挺可觀的附加服務。比方說，來自立陶宛的建築工人可能會到地區小店買罐可樂，他必須用來自國外的薪資支付買可樂的費用，所以這罐可樂在此就變成了一種外銷。此外，英國公司也會為這個龐大的建築計畫提供各式各樣的服務：例如梅斯（Mace），一家以倫敦為基地的公司，就負責建造尖塔；透納與湯森（Turner & Townsend），一家起源於約克夏的全球性公司，負責整個計畫的監督與管理。甚至當整個建築計畫完成之後，還是有很多生意可做：來自俄國的豪宅住戶可能會需要英國法庭和律師的協助，因為當他們申請離婚的時候，多半會為了爭奪財產而訴訟不休。

我總是把這樣的生意看成有點像分一杯羹——這是中文的說法——如果換成英文的說法，便是當別人在我們這裡烤蛋糕時，你順手拾起落下的碎屑。在一九八〇年代的小說《走夜路的男人》（*The Bonfire of the Vanities*）裡，作家湯姆・沃爾夫（Tom Wolfe）描述一個金融界鉅子走向毀滅的過程，書中人物——基金交易客薛爾曼・麥寇伊（Sherman McCoy）——發現很難跟女兒解釋清楚自己的工作內容，但他的太太反而很能抓住重點，她跟女兒說：

> 把基金想成一塊蛋糕。蛋糕不是妳烤的，但是妳每切一片給別人時，總是有些碎屑會落下，而這些碎屑妳可以撿起來給自己，這是被允許的。是的……這就是爹地在做的事。他幫別人傳遞蛋糕，然後撿起碎屑。但是妳要想像這是很多的碎屑，而且是一塊很大的黃金蛋糕，所以有很多的黃金碎屑。妳就想像爹地跑來跑去，不斷撿拾每一片只要是他雙手可及的黃金碎屑。

拿這個比喻來形容倫敦走向繁榮的商業模式，倒是非常恰當。所有和碎片大廈相關的附加活動，都好比英國居民可以揀起來的碎屑，而這些碎屑總合起來也可以變成一塊挺大的蛋糕。

由碎屑變蛋糕的具體案例，莫過於房屋經紀人在英國土地上幫國外客戶買賣房屋，成交之後所賺取的仲介費用。例如奈特．富蘭克（Knight Frank）公司，專門仲介最頂級的豪宅市場，負責代理銷售碎片大廈的住宅公寓，也出租大廈裡的辦公空間，他們所賺取的仲介費用，比起房地產的價值當然微不足道，可是數字本身已經相當可觀，而且他們會代為處理很多房地產的相關問題，這些服務項目加總起來，就足夠變成一門很好的生意。

我被帶去參觀奈特．富蘭克位於倫敦市中心的一棟展示屋，在距離貝克街（Baker Street）很近的康爾沃巷（Cornwall Terrace）裡，面積約為一千平方公尺，包含獨棟房屋、最高級的空調設備、燈光、立體音響，以及一整套藝術收藏，售價共四千五百萬英鎊（合新台幣約十七億九二〇三萬元）。帶我參觀的業務代表提姆．萊特（Tim Wright），告訴我不同國家的買主對房屋品質的不同要求：對東歐的顧客來說，有獨立的空間讓服務人員居住非常重要，因此他們喜歡主房之餘另附帶廂房的設計；俄國客戶則特別喜歡游泳池，還有各種「玩具」。提姆說，倫敦市裡獨門獨戶的住宅仍是超富裕階級的最愛，就像戰利品一樣，可以跟他們在法國南部擁有的別墅、遊艇、藝術收藏陳列在一起。他指出這個市場持續發燒，主要有兩個原因，一是需求未曾減弱，二是供應上的欠缺；在每十個買家之中，市面上只有一兩個上得了檯面的房子可供選擇。

奈特．富蘭克的收入中，有一部分是來自與這些房地產買賣相關的活動，例如室內設計師的裝潢費用，以及營建商的土地開發和舊屋翻新費用等。就一棟價值四千五百萬英鎊的房屋如康爾沃巷豪宅而言，奈特．富蘭克的收入可以在幾百萬英鎊之間，而因為這類住房每隔五至十年就會回到市場重新脫手，奈特．富蘭克可以仰賴一賣再賣這些房屋來維持營運。

這確實是門有利可圖的行業，不過就某個面向來說，要讓英國靠扮演地主國的角色維生，感覺還是不太搭調。成功的經濟會朝豐富資源能夠發揮最高產值的方向去移動，但土地是非常有限的資源——英格蘭已經是歐洲人口密度最高的國家——所以把我們的精華地段賣給外國人，以便為自己創造服務他人的職業來謀生，不免是個有點荒唐的企業手段。

雖然我們的土地相對有限，但我們會朝豪宅市場的方向移動，主要是因為我們有其他的服務專長。做為一個國家，我們的法律制度、語言、文化，以及在管理房地產與金錢方面的聲譽，使擁有資源的人願意以英國為基地，而我們的支援產業也開始朝服務這些人的需求而演化，於是有更多這樣的人願意來到英國，因為他們發現在這裡可以獲得完善的支援及服務。

英國做為一個開放經濟和帝國強權的歷史也有幫助。正如英國製造業開始放棄大規模、低產值的物件製造，轉向目標較小但獲利更大的利基市場，我們的服務業也是朝同樣的方向移動，他們一開始以國內市場為主，但隨著全球化的發展，很自然地開始面向全世界。經濟學家把此一英國發展成地主國角色的過程稱為「溫布頓化」（Wimbledonisation），因為英國是全世界舉辦網球比賽最有經驗的國家，但我們在網球比賽中，並不期待自己一定得扮演最重要的角色，雖然英國選手提姆．漢門（Tim Henman）與安迪．莫瑞（Andy Murray）近年來的表現，已經稍微改變了這樣的心態，但居於活動地主國的位置，仍為我們創造了大量的收入來源。

我認為以倫敦為中心的服務經濟，跟格拉斯頓伯里音樂節（Glastonbury Festival）的發展有某種雷同之處，後者是一九七〇年起始的一個活動，有一千五百名觀眾，每人決定花一英鎊（合新台幣約四十元）去聽暴龍樂團（T.Rex）、歌手克里斯姆斯（Keith Christmas）與史都華（Al Stewart）演唱，沒想到這個無中生有的演唱會，後來竟演變成一個大型產業，二〇一一年，格拉斯頓伯里音樂節售出十三萬七千五百張票，票價為一九五英鎊（合新台幣約七七二三元），演出樂團及歌手則包括當紅的 U2、Coldplay、Beyoncé 等等。它使我產生對英國經濟的聯想，因為我們看到很多人被吸引前來一個擁擠的空間，其中有很多金錢的轉手——這些轉手主要發生於不是住在森麻實（Somerset）

的居民之間——但在整個過程中，有很多的碎屑會落進當地經濟裡。

要估計這類產業對一個地區的影響，無疑困難無比，不過格拉斯頓伯里音樂節在二〇〇六年停辦一年，二〇〇七年重新恢復舉辦時，當地的曼蒂波區委會（Mendip District Council）請了顧問公司來評量音樂節所造成的經濟影響力，研究報告指出，所有來參加音樂節的觀眾、商人、活動主辦人等等，他們的花費總值達七千三百萬英鎊（合新台幣約二十八億九一一六萬元）。面對這個數字，我們的問題是，其中究竟有多大的比例會落在當地居民身上？顧問公司的報告推估說，約有三千二百萬英鎊（合新台幣約十二億六七三六萬元）是花在曼蒂波區，不過這其中又有二千五百萬英鎊（合新台幣約九億九〇一二萬元）是用在籌辦音樂節的場地布置上，所以這筆開銷的一大部分會進到全國供應商的口袋裡，而非曼蒂波居民，比較準確的算法，應該扣除音樂節現場的消費，也就是說，曼蒂波獲得了將近七百萬英鎊（合新台幣約二億七七二三萬元）左右的收入，即音樂節整體消費的十分之一，我將之稱為「格拉斯頓伯里效應」（Glasto effect）。這個推估模式將能幫助我們粗略地了解，當外國人路經倫敦消費時，英國藉此獲得的收入大概有多少。

然而這並非故事的尾聲，曼蒂波報告裡還列出格拉斯頓伯里音樂節所帶來的間接好處：格拉斯頓伯里這個地方變得聲名大噪；公眾對當地產生正面觀感；由於音樂節製造了許多交易的商機，使當地衍生出一種蒸蒸日上的企業精神與文化。尤有甚者，當地發展出來的各種行業與技能，遠超出音樂節本身的價值，例如杜爾寇特村（Dulcore Village）成立了一家舞台公司（名為 Serious Stages），是全歐洲最有經驗的舞台公司之一，專門銷售或出租臨時舞台、建築及特殊結構物。事實上，根據曼蒂波報告，隨著節慶市場欣欣向榮，當地已經集結出一個供應商及承包商的小聚落，專門以各種區域性或全國性的節慶活動為服務對象。這對英國如何發展出尖端服務業，堪稱一個良好的類比，因為那些在倫敦起家的公司也會向外擴展，或許這是為什麼根據《美國律師》（*American Lawyer*）的分析報告，在全球收入前十大的律師公司裡，英國就佔了四家。

服務經濟的各種優點有令人驕傲之處，但也有使人憂慮的地方。從最壞的角度來看，可以說英國的中產階級似乎在為全球菁英扮演管家的角色。你或許聽說過「地位—收入不均衡（Status-Income Disequilibrium，簡稱 SID）」這個概念——中文報章雜誌籠統譯成了「新貧階級」——美國資深記者大衛・布魯克斯（David Brooks）在二〇〇〇年出版了《BOBO 族：新社會菁英的崛起》（*Bobos in Paradise: The New Upper Class and How They Got*

There）一書，他說 SID 患者的工作具有較高的社會地位，但薪水卻相對偏低，這個情況可能讓不少讀者（與作家）都心有戚戚焉：「受到 SID 現象所折磨的人，他們的悲劇在於白天活得光鮮亮麗，但夜裡卻回歸庸俗平凡……如果他們是在媒體或出版界工作，他們可以享受客戶買單的豪華午餐，電話答錄機裡整天都是有錢人和名人的來電，請求他們的協助或想吸引他們的注意力，但是晚上回到了家裡，他們卻突然發現浴室需要清理，只好自己動手刷洗。」

英國保守黨政治人物麥可．戈夫（Michael Gove）於二〇〇八年間，曾經在《泰晤士報》發表一篇文章，清楚指認誰是社會上的 SID，他說：「他們是在電視圈工作的研究員和助理製作人，出版公司的編輯，在報紙上撰寫政壇記事的專欄作家……幾乎所有的藝評人，政黨裡的研究員，慈善機構和義務組織的資深經理人，所有不獨奏演出的古典音樂家，還有所有的學界人士，除非你是尼爾．佛格森（Niall Ferguson）或大衛．史塔基（David Starkey）。」

隨著經濟不斷發展、成熟，薪資平衡的分歧不斷擴大，某些產業的薪資，從別的產業看來很可能覺得高得離譜，比方說，近來社會大眾強烈抗議銀行家的薪資和紅利便是一例，雖然這當中還有許多其他因素存在。的確，現代金融產業的潛在薪資這麼高，一篇二〇〇七年的文章即曾指出，就連像法律這種高薪職業，都已開始出現某些

SID 的徵兆，文中引用紐約一家私人學校的慈善義賣為舉證：「有位著名廚師的現煮餐點上台義賣時，醫生們在七千美元（合新台幣約二十二萬三〇六二元）價位退場，律師們在一萬五千美元（合新台幣約四十七萬七九九〇元）的界線退席，然後就是銀行家、私募基金、對沖基金等大戶彼此間的廝殺，最後的贏家以四萬美元（合新台幣約一二七萬四六四〇元）勝出得標。」

這些現象讓我不免感到疑慮：如果我們持續扮演全球超富菁英階級的國際地主，英國經濟是否將會大規模地走向 SID 危機呢？因為我們目前正在創造的經濟模式，鼓勵類似像奈特．富蘭克這樣的公司，不斷把國內最精華的房地產銷售給國外買家；我們將豪華建造計畫允諾給外國產權，讓他們可以蓋起如碎片大廈這樣的高樓；我們也大幅降低對金融特區的管理，為的是讓倫敦能夠吸引國際銀行與金融公司以此為基地。

我問提姆．萊特（即奈特．富蘭克公司的代表），他有沒有一點 SID 的情結？他說沒有，因為他實際負擔得起的住房，跟他所銷售的房屋之間差距如天壤之別，使他完全無法想像自己能夠住在那樣的地方：「對我來說，因為我知道那不可能成為我的生活型態，所以我根本連想都不會去想它。」然而，我不敢肯定每個人都能懷有像提姆這樣的專業心態。

下一章裡將要探討，有關我們服務業的規模與本質，到底還有哪些值得深思之處。

11——太多好東西？

這是個謎題：美國比任何已開發國家都花費更多金錢與資源在健康醫療上——將近國家總收入的十六%；德國和法國的花費是十一%，英國為九%。就金錢的數值來看，美國在健康醫療上的人均花費也是這三個歐洲國家的兩倍以上。但是就效果而言，美國健康醫療的成效並沒有比其他先進國家來得更好，事實上，從很多方面來說，反而更差：美國的嬰兒死亡率高出經濟合作發展組織（The Organisation for Economic Cooperation and Development，簡稱 OECD）的平均值，出血性中風後的死亡率也是；二〇〇八年的《健康事務》（*Health Affairs*）指出，每年有十萬名美國人死於可預防性疾病——這是所有已開發工業國裡最高的數字。

美國健康醫療表現不佳的原因之一，在於它比其他許多健康體系都更加不平等，也就是說，雖然整體花費很高，但對某個特定人口的醫療提供又過度貧乏，於是這個族群呈現出來的結果自然低於水平。這一直是美國健康醫療制度最具爭議性的特點，也是歐巴馬總統（President Obama）在位期間致力想要改革的關鍵。

值得注意的是，美國醫療體系還有另一個隱憂，亦即它浪費很多金錢，提供昂貴的治療給不會產生明顯效果的客戶與患者。因此值得一問的是：美國健康醫療的花費有可能過高嗎？根據達特茅斯地圖計畫（Dartmouth Atlas Project）的研究結果，這並非不可能，舉例來說：「在奧瑞岡（Oregon）班特（Bend）的老年人，生命中最後兩年平均住院一〇・六天，但在曼哈頓（Manhattan）的老人平均住院三四・九天。如果看生命中最後六個月的話，數字的差距更大，住在猶他州（Utah）奧格頓（Ogden）的慢性病患者，平均看病十四・五次，……但住在加州洛杉磯（Los Angeles）的患者平均看病達五九・二次。……這個地圖分布的研究顯示，平均讓每個病人獲得較多健康服務的醫院、地區和各州，並不見得提供較高品質的醫療照護，事實上，表現出來的效果反而較差。」

我當然不知道加州的年老病人是否屬於疑病症患者，所以比較容易無端浪費金錢在看病的次數上，或者他們可能跟猶他州的病患需求不同。但我們有必要提出比較尖銳的問題：如果你勉強讓某個產業變得更多、更大，這個產業是否一定會表現得更好？通常我們都渴望有很多健康醫療服務，所以很難想像竟然會有「過多」的可能，但這卻不是天方夜譚。在這個章節裡，我會試圖解釋為什麼如果提供過多好東西，市場便有可能出現失調的現象。

為什麼我要關心這件事？因為這跟英國人對服務業的壞印象有關。很多人私下以為我們已經有太多的服務業，尤其有太多的金融服務業。其實金融服務業一直被譽為國家產業的表率，不僅領先國際，而且在二〇〇八年還賺進了幾百億英鎊的外銷收入，但它是否有可能過於龐大呢？我會提出幾個原則來幫助我們衡量，對一個經濟而言，什麼樣的情況之下，某項產業有可能變得過於龐大？然後我會思考，這些原則與情況是否適用於英國銀行界？我也會問，還有哪些因素在發揮作用，它們是否已經讓服務業掛帥的英國經濟，開始下探到了健康的警戒線？

不過，首先我們應該釐清，什麼叫過於龐大？什麼是一個產業恰當的規模？這些問題應從很多方面來回答，但一個最基本的要素，是我們應該比較一個產業對國家物質福利的貢獻，以及這個產業強加在經濟上的成本。如果維持一個產業所需用到的資源，和它所生產出來的價值已經變得不成比例，那麼這個產業或許就是過於龐大。比方說，如果一個產業要使用二十億英鎊的勞力來製造價值十億英鎊的物件，那麼你可能就覺得這個產業的成本太高，對經濟不划算。就健康醫療而言，道理也是一樣的：如果住院一星期要花一千四百英鎊，但是對病人根本毫無效益，你可能就會覺得這一星期的住院是過度處方了。

根據這個標準來看，任何產業都有過於龐大的可能。一個汽車產業可能過於龐大，如果我們發現必須花每小時十英鎊的薪資僱用員工，但製造出來的車子賣不出去，回收只能支付相當於每小時六英鎊的人工時，這個情況表示付出的資源和回收的價值之間，已經出現不均衡的現象，解決之道在於汽車產業必須縮小，直到它能以足堪支付員工薪資的價格賣出所有的汽車為止。

經濟專家可能會想提出幾個棘手的問題：我所謂的「成本」意指為何？產出的評量標準何在？不過本章的目的並不是要對成本效益做出精確的計算，我認為我們不需要被綁死在細節的討論上，這樣才能對相關議題做比較廣泛、概括性的了解。

在經濟學教科書的世界裡，市場力量（market forces）有合理的效率，可以確保公司隨著所需資源和產出價值之間的消長而擴張或縮減，背後的運作原理還滿直接的：如果一間公司所花的資源高於所能回收的產值，就會賠錢，賠了錢自然得縮小規模、甚或關門大吉；如果是在經濟的另一端，賣出的成品多於所用的資源，那麼公司就會賺錢，有了利潤自然會擴充。既有的經濟原則是：資源會流向產值最高的方向。所以，如果一間公司或產業不能有效運用人力、資本或其他資源，就會輸給其他可以更有效運作的對手，這樣資源才會往產值最高的方向移動。教科書經濟學通常報喜不報憂，因此感覺上我們好像只要順其自然，經濟就會確保每個人都找得到價值與產值相當的工作。

然而，我們並非活在教科書的世界裡，因此我們必須質問，為什麼真實世界裡的市場機制會發生失調，允許某些產業相對地變成過於龐大？為什麼經濟的某些部分可以成功吸收寶貴的資源，產出很小的價值，但仍能繼續營運？為什麼有些企業可以獲得偌大的回收，但對其他經濟卻僅有微乎其微的貢獻？這些當然都有很多可能的解答，市場失調的方式也有各種不同的可能性，會讓一個產業變得過大或過小；政府介入亦能造成類似的結果。不過我想專注在一個特定的議題上，這個議題可以讓一個過大的產業不按經濟規律來運作，因為這種產業獲得回收的能力不在於創造價值，而是從別處掠奪價值而來。

要了解我想說明的議題，且讓我先打個比方。我想請你假想，我在高速公路 M1 上找到建立收費站的管道，每個路經我收費站的人，都要付費一英鎊，讓我們假設我非常聰明，找到天才律師容許我做這樣的事，也讓我們假設大部分的駕駛人都沒有因此而改道，所以我每天都可以從收費站獲得十萬英鎊的收入。如果我可以被允許建造收費站，而且被允許保留所有收費站的收入，我將變成有錢人，儘管我沒有幫忙蓋 M1，或者製造開在 M1 上面的汽車，或者生產貨車裡所載送的貨物。我唯一做的，只是蓋了收費站跟收取現金而已。

顯然我所做的並非增加財富，而只是在剝削別人的財富。現在請繼續設想，我發現在M1上面建造的第一座收費站很賺錢，於是我開始在英國其他的高速公路上——從M2、M3、M4、一直到M898（在Renfrewshire的一條小高速公路）——也都建造了收費站，成為一個收費站企業王國。

我甚至可能開始上市股票，銷售收費站企業的股份，賺取利潤。我相信這個企業在帳面上看起來一定「錢」景大好，因此投資客會蜂擁而至，但請記得，我其實還是沒有在做什麼特別有貢獻的事，我並未運用收費站的收入去蓋馬路，或者幫助社會上需要幫助的人，我只是從每個人辛苦工作而賺得的收入刮取一點據為己有而已，但是如果財經記者在評估整體經濟的形貌時，他們很可能會說，現在國家最好的產業是建造與經營收費站。我們必須非常注意這項產業的幾個特異之處：其利潤程度之高異於其他產業；其成本之低廉相較於收入簡直不成比例；我們還應注意，沒有其他國家的收費站是如此運作的。

如果有左派立論人士到廣播節目裡批評我的收費站，抨擊我的企業是在榨取社會資源，對國家毫無貢獻，我可能會提出反控，要求他們別再攻擊國家近來最成功的事業體，我會說收費站僱用了許多收費員，而且從很多使用我們高速公路的國外汽車上，賺取了大量的外匯。又或者如果有人指出，收費站需要嚴格的法規管制，我會說，我每年向國庫繳納了很多的稅金，如果政府制定法規，無異於殺死會生金蛋的母鵝。

你可以想像，如果真的被允許發展這種收費站，促動我做去這件事的吸引力該有多大，但是它對社會卻具有高度的破壞力。從經濟平衡的角度來說，這種霸王收費站就是過於龐大的產業，我需要消耗部分的國家資源去建造與經營收費站，但是這些收費站對整個國家的福利卻沒有正面的貢獻，因為它的收入完全是建立在其他產業的負擔上而產生。

我想，這個收費站的比喻到此應該已經說得夠了，而我說這個故事的重點，是想強調為什麼一個經濟裡，有可能會出現像上述收費站的這種產業，它們找到了某種吸取金錢的利基，但對社會的貢獻卻非常有限。這類產業的表現行為，跟我們大部分的經濟都不太一樣，好比自己烤出一塊餅，跟想方設法取走別人烤出來的餅，是兩種很不一樣的經濟考量與行徑。

經濟學家用「尋租理論」（rent-seeking）來形容這類活動，從別人身上取走錢財，而非自己創造財富。如果人們找到了管道（無論合法或非法）可以徵收別人的財務資源，很多人都會有動機想這麼做，而我們對英國經濟現況的懷疑點之一，便在於是否已有不成比例的服務經濟，是建立在尋租理論上？

真實世界裡就有這樣的案例，它們相較於我的霸王收費站，只是沒那麼明目張膽而已，我最喜歡提的實例是德國的煙囪清理員。雖然煙囪清理的法規已受到一些挑戰，但傳統上在德國，依照規定，七八八八個德國小區都需要有自己的煙囪清理員，每個清理員可以僱用一兩名助手，而且法律強制每個房子一年至少要檢查一次煙囪，花費約在五十到一百歐元（合新台幣約一六七七到三三五三元）之間。為了檢查煙囪，煙囪清理員有進屋的權力，即使屋主並不想僱用他們。而要成為一名合格的德國煙囪清理員，需要經過十二年的學徒經歷。

在實際操作上，煙囪清理員等於有向顧客徵（煙囪）稅的權力，所以如果你拿得到執照，確實是份非常不錯的工作。對自由派的右傾人士來說，幾乎所有公共產業的操作模式，都會被他們看成具有類似德國煙囪清理員的特權，彷彿政府運用權威建造了虛擬的收費站一樣（也就是真實世界裡的稅務員），向人民徵收工作所得，然後由政府提供人民可能並不想要的服務，因此這些右派支持者會認為政府部門太龐大了，在他們眼中，公家機構都只是尋租，而非創造財富。

我的收費站、德國煙囪清理員，以及公共產業等三者之間有一個共通點，就是他們的規模大小都是由法律制定，也就是說，他們的存在是因為國家透過執照（或者發放許可證），向其他人徵收費用而來。我不想辯論政府產業應該有多大或多小的理念，也不想探討公家所提供的服務究竟有多少價值，我比較關心的是，在政府不去製造尋租機會的狀態下，是否有可能出現像霸王收費站的經濟活動？如果人們不被強迫必須排隊繳費的話，我的高速公路收費站還有建造的可行性嗎？如果我叫人開車到路旁，請他們自動付費給我，他們真的會按照我要求的去做嗎？

一般狀況下，我們大概都認為不會。如果人們選擇為我的服務付費，一定是因為覺得對他們有某種價值才對，所以我的尋租活動有個限制，畢竟在市場經濟裡，沒有人被強迫買他們不想買的東西，而如果他們買了，想必是對他們有某種加值效果的緣故。因此你可能會認為，市場機制自然會調節尋租理論，但實情果真如此嗎？

假設我不是靠建造收費站來賺錢，而是請高明的律師來幫我寫威脅信，用相當不合理的聲明跟你要很少的一點錢，而你無力處理法律事務，所以你很可能會在法庭外尋求付費和解，或者你也必須請個律師來反駁我的聲明。如果法庭找得到撤銷這種告訴的辦法，自然再好不過，但如果找不到，我們很可能就會出現一個日益龐大的法律產業，其運作原則，是建立在支持與反駁尋租活動的經濟基礎之上。又或者再設想，我找到了一個聰明的律師，幫我鑽法律漏洞逃稅，於是稅務機關必須聘用更多的腦力和人力來訂定法律，以便彌補這些漏洞，結果我們不免將國家最好的智能都消耗在這類鑽漏洞和補漏洞的競賽上面，到頭來，相關的法律產業蒸蒸日上，但整體經濟的財富卻並未增加。

虛擬收費站的營運模式有好幾種不同的可能性：假設我可以說服別人向我購買比他們真正所需的更多產品，那麼我就能招財進寶，即使產品本身不見得有特別的價值。舉例來說，你因為引擎出了一點問題而去汽車修理廠，修理工人把汽車檢查一遍之後，給了你一張清單，列出十二個需要修理的項目，你因為不懂汽車，所以照單全收，要他全做了。你不確定清單上的所有項目是否都值得處理，但你只能信賴修車技工不至於過度揩油。或者有另一種狀況，你的汽車受損了，帶著保險單去修車廠，那麼你可能就不是很介意修車技工開列的清單是否實在，因為是保險公司買單。你如果以為所有保險理賠下的汽車修理工作都是必要的，不免過於天真，因為一旦是別人要付費的時候，修理費的單價通常也會高一些，所以你會發現修車技工常問的一個問題是：這是有保險的嗎？

這個例子跟我的高速公路收費站有些異曲同工。我猜想修車技工一般也不會無故收費，但他可能會做一些不必要的工作，以便將他的收費正當化，他甚至可能特別聘請一個助手，專門記錄一些無意義的修理項目，而這種操作方式長此以往，便可能衍生出一個比我們實際所需更龐大的汽車修理產業，而其維繫經營的方式，便是架構在其他經濟的負擔之上，而非真正做出實質的貢獻。

現在再讓我們回到美國的健康醫療體系——這個系統是否經由開列過度醫療清單，找到了從其他經濟汲取金錢和資源的手段呢？在某個程度上，它確實呈現出一些讓顧客購買比實際所需更多服務的特質。首先，它是屬於專家服務，所以當你去看醫生時，你不只讓他為你治療，還讓他來告訴你應該需要什麼治療，換句話說，醫生扮演了雙重角色（健康諮詢者和醫療提供者），這兩個角色之間不免有一些利益衝突；其次，健康醫療本身錯綜複雜，每個個案都有其獨特性，所以我們泰半只能仰賴醫學專家，而如果真有過度醫療的狀況，我們其實非常難以發現；此外，因為世上大部分的健康醫療體系，都會有某種程度的政府補助或者私人醫療保險制度，所以健康醫療還有一個重要特色，亦即通常是由別人買單，使一般顧客與病患對過度醫療並非特別謹慎。

綜合上述三項特徵，使之比其他多數產業更容易發生以顧客（或者保險公司）為代價來賺錢的傾向，如果這三個特質受到剝削濫用，就有可能讓健康醫療產業消耗國家歲收很大的比例，但其生產價值卻不能對應，而且它的狀況會和市場邏輯反其道而行，不但不會有很大的壓力要求這個產業縮減、甚或消失，大家反而會想給它更多資源，以便繼續維持它既有的營運，殊不知它的超大規模其實是以其他經濟為代價換來的，也就是鉅額的健康保險金。

美國健康醫療系統並非黑白分明的案例，對於那些指控它造成其他經濟負擔的人士來說，他們的挑戰是必須找出一個合理的解釋，說明為什麼顧客和保險公司會願意串通一氣，讓自己不斷被敲竹槓？為什麼他們不採用類似像國家健康與臨床卓越機構（National Institute for Health and Clinical Excellence，簡稱 NICE）這樣的組織來控制花費？NICE 負責監督、管理英格蘭與威爾斯的健康服務，只購買有明確證據證實值得購買的醫療。又或者美國為什麼不將診斷與醫療服務的提供做個切割，以避免利益衝突呢？這些問題都很難回答，但同時也沒有人可以證明說，美國的健康醫療系統對國家的需求是過剩的。所以它是處於一個「可能有問題」的灰色地帶，正反雙方的證據都屬模稜兩可。

英國的金融特區和金融服務產業也是大同小異，很多人都對其規模與報酬極度憂慮，但另外也有很多人認為它是超優秀的企業模式，創造很大的財富。後者的看法很普遍，尤其是金融特區自己看自己，而且我相信在金融特區工作的人，他們的自我評價是誠懇出自內心，而非揑造的；可是對其他人來說，此一產業只不過像個過大的高速公路收費站，透過向其他經濟榨取金錢而獲致暴利。遺憾的是，一般支持金融特區的論述——多半都是關於它所繳納的稅金，還有創造的工作機會——聽起來都很像我剛才為了維護霸王收費站所舉證的理由而已，無法真的告訴我們，此一產業是否為社會做出什麼具體的貢獻。分析兩造有關金融特區的論證——究竟有益或有害——何者較為有理？誠然極其複雜。

在英國，官方統計數據指出，金融服務產業佔全國生產總值的八％，也就是說，我們所賺的每十二英鎊中，就有一英鎊是來自金融服務業。在那八％裡面，有五％來自銀行和一小部分的保險與退休金，但其中最引人關注的還是銀行業，甚至在考慮可能的尋租行為之前，就已經有足夠的理由讓人懷疑，銀行對經濟是否有很多實質的貢獻，因為很難衡量銀行所做的事情，究竟有何價值。我們可以在生產線上計算製造的汽車，我們多少也能假定，如果一個顧客付了一萬五千英鎊買車，這輛車的價值就是一萬五千英鎊左右，但是我們卻很難計算銀行的附加價值。一般說來，銀行對他們的服務並無明確的收費標準，而是透過給貸款者較高的利率，但給存款人較低的利率，靠這兩個數字間的利差（interest rate spread）來謀取生計。官方統計數字讓銀行看起來好像很具生產力，這是把國家內部所有的貸款利差加成起來獲得的一個總值所致，也可以說是我們為銀行服務所付出的一種隱性價格，代表我們認為銀行所做的事情應得的報酬。

但用這個方法來衡量銀行的貢獻，並不是很令人滿意，為什麼？我想指出近年來統計數據一個很大的弔詭：在金融風暴最高峰的二〇〇八年，銀行界幾乎全要仰賴政府的支持，而隨著金融制度的危機加劇，經濟的平均利差也大幅擴展，其結果是當我們用上述方法估算銀行的產出值時，其價值反而上漲了！如果你相信統計數據的話，那麼你會認為我們的銀行幾十年來對英國經濟的貢獻，從沒有像二〇〇八年的第三季度這麼重大過。

姑且不論這個統計數字上的矛盾，另外還有一個重要問題：銀行跟基金經理們在投資活動上的回收，在某個程度上是否只是一種幻象？他們是否以其他的經濟為代價來汲取利潤與回報呢？原則上看來，這並非不可能，而剛剛所舉的汽車修理廠和美國健康醫療系統的例子，在此成為有用的借鏡，因為金融服務業也都展現了類似的特質：第一、對大多數的終端客戶來說，銀行所提供的服務模糊難解，因此客戶們只好信任專家來幫他們做投資；第二、即使對了解生意經的人來說，從外面還是很難評斷金融專家的實際表現，我無法知道我的錢是否被做了良好的投資？我當然可以看回收的數據報告，但是我無法掌握銀行或那些為我看管退休金的專員們，當他們在運用我的金錢做投資時，冒了一些什麼樣的風險？我也無從知道他們究竟是技術嫻熟？還是全憑運氣？我只能把錢交給過去投資表現良好的人，但沒人知道他們將來是否也能妥善投資，而在金融市場中，過去和將來的投資表現之間往往毫不相干。

除此之外，我們不能忽略一個事實，也就是在金融特區流通的錢財，全都是屬於別人所有，冒險的人是錢財擁有者，而非金融專家，所以在這個產業裡的回報有點像是詐騙的賭局：「贏了算我的，輸了算你的」，而且我們看到很多具體發生的事例，證明事實就是如此。保羅．烏利（Paul Wooley）曾是金融家，現在在倫敦政經學院（簡稱LSE）負責管理資本市場失調研究中心（Centre for the Study of Capital Market Dysfunctionality），他認為金融特區中知情人和外行人之間的知識落差是一個重要關鍵，讓知情人可以為自己賺取逾越尋常比例的回收，金融特區透過各種不同的方式，有很多機會照顧自己的利益，而不是為客戶提供價值；客戶們永遠是後知後覺者，晚一步才會發現自己獲得的是價值貧乏的服務。從這個面向來看，我們可以說金融特區收費過高，運作模式過於複雜，吸收了過多人才，而且汲取別人的錢財提供了品質過低的服務。

讓我再舉幾個例子：知情人可以向毫無所悉的外行人販售模糊、可疑的保險，正如二〇〇〇年代所發生的狀況，複雜的產品根本不像預期的那般具有價值。投資銀行如果發現一個良好的投資機會，就會幫自己下場投資，卻只幫客戶做次等的交易。幫投資客管理錢財的對沖基金，可以在神不知鬼不覺的情況下拿客戶的錢冒險一搏，如果冒險成功，對沖基金就賺取豐厚的利潤及酬勞；但如果幾年之後冒險失敗，客戶的錢可能被全部賠光了，可是銀行家先前已經賺進口袋的費用，卻不必償還給顧客。

金融產業除了有這種剝削顧客的嫌疑之外，另一個讓人擔心它是否規模過大、超出效益範疇的因素，在於它需要接受政府相當程度的補貼。英格蘭銀行財務穩定主任安德魯．豪丹（Andrew Haldane）指出，市場一般都能有效確保運作不良的機構縮減規模，甚至從市場消失，但銀行界卻不然，因為政府會介入，而政府之所以介入，是因為銀行關門的後果太令人難以忍受。豪丹試圖釐清大型銀行從納稅人身上究竟獲得多少隱藏性的補助，這種補助只有在特殊狀況下，偶爾會以現款的方式給予，但在一般情況下，多是以免費保險政策的形式出現，也就是說，大型銀行向外面借款的時候，借款機構知道錢一定收得回來，所以銀行可以用很便宜的價格取得這筆貸款，這使銀行有較大的利潤回收空間，也讓他們可以付給自己比其他產業更高的薪水。

根據豪丹的計算，二〇〇七年的英國銀行獲得價值一一〇億英鎊（合新台幣約四四〇四億元）的國家補助，相當於銀行業毛附加值的十五%。有這一一〇億英鎊來自國家稅金的免費保險，銀行的獲利當然會比沒有免費保險要高出許多，也讓銀行從而吸收了許多本來可以用在其他市場經濟的寶貴資源。正如政府的補助曾使 British Leyland 汽車工廠維持住它根本負擔不起的超大規模，政府的補助可能也正讓銀行業重蹈覆轍。

以上是反對倫敦金融特區的理由，這些論點隱含著許多規範金融業活動與銀行結構的意涵，但對我而言，我關心的仍是這些潛在問題所造成的後果，是否導致金融產業規模過大，已超出相對於英國經濟的健康範疇？銀行界是否汲取了太多國家的高級人才？是否消耗了過多國家本已稀疏的存款，為他們自己建造過多美侖美奐的高樓大廈？如果答案為是，那麼我們也可以下結論說，我們經濟裡的其他產業——包括製造業——已經小於他們應有的規模，因為他們可以提供的薪資硬被銀行界給比了下去，使他們無法聘用原本應該可以聘用到的智慧人才。

我們可能很難找得到「一劍定江山」式的結論，證明倫敦金融特區真的規模過大，我們只能說，在某個程度上，他們似乎是從別的產業獲得回收，而非全靠自己創造財富，因此從這樣的情況去推論，很難相信他們不算是規模過大，但問題是，誰又能說過大到什麼程度呢？就算你接受我到目前為止所提出的每個論點，我們也都很難將之置換為精準的計算刻度。倫敦政經學院的保羅．烏利告訴我，他認為英國金融產業的恰當規模應該是目前的一半或三分之一，然而這個估計本身的不精確性，恰正顯示了我們要能夠確實掌握問題的尺度，還有一段相當的距離。

此外，倫敦金融特區也可以提出很好的反證：很多問題並非來自「金融服務」本身。倫敦金融特區並非一個單一的產業，而是許多不同活動的綜合體，包括貨運律師、會計師、分析師、其他許多專業人士，以及各種證券交易服務公司在內，如 ICAP 和 CMA Markets 等。這些個人與公司都以他們各自不同的專業和方式維持營運、謀求生計。其次，倫敦金融特區很大一部分的功能，並非在提供英國國內的金融服務，而是做為國際金融服務活動的中心，是外國銀行與外國金融服務機構群聚的重鎮。如果一家美國銀行願意在倫敦聘用法國僱員向中國人銷售金融產品，我們真的要排拒這樣的經濟活動嗎？我們應該限制美國銀行支付給法國僱員的薪資額度嗎？我們或許有強烈的動機，想要防止倫敦金融特區剝削英國其他經濟所獲致的回收，但如果要防止的是以倫敦為基地的國際金融機構從海外生財，那麼我們的動機何在？畢竟我們並未給予外國銀行來自英國的稅金補助，但我們卻透過他們所給付的薪資、徵稅，以及租賃等方式，從這些外國銀行身上獲得豐厚的報酬。

看過各種論述與反論述之後，我個人對金融特區的觀點是，或許我們應該避免去判斷它所謂的合理規模，而應該設法確保它的完善運作，包括根除政府補助的負面效果，並且制定法規，杜絕任何像我所舉例的霸王收費站那般的不當操作。我們對國際活動的限制，應該不會像對英國本地的金融機構那樣嚴苛，但他們還是需要適度的管理，這樣也能確保我們國家在海外的地位及聲望。就政策面而言，我們不應該只為了縮小規模而抨擊金融特區，但也毋須為了想要維持既定規模，而迴避對它做任何的檢討與批判；我們必須做應該做的，才能確保倫敦金融特區成為一個有效益的國際金融中心。

我想，如果我們做得到這一點，如果我們可以適度改革金融特區的稅制、結構和法律規範，它的規模很可能也會自然地縮減一些，因為在二〇〇〇年代間，有些奇怪的現象發生，才會造成金融特區異常地快速成長。某些金融服務在這段期間的擴展，可能和倫敦經營銀行或投資錢財的技能無關，而是隨著國際銀行規模急遽膨脹，以及他們在投資上過度冒險所導致。國際金融會來到英國，是因為倫敦的法規比較寬鬆，但現在幾乎所有的人都發覺，根本是寬鬆得太過頭了，所以金融海嘯爆發之前十年的那種成長速度和幅度，都屬異常現象，並不切實際。二〇〇九年，英國金融服務的外銷產值是五三〇億美元（合新台幣約一兆六八四一億元）；二〇〇七年（金融風暴前一年），這個數字高達七二〇億美元（合新台幣約二兆二八七九億元）；但在二〇〇〇至二〇〇二年之間，平均每年的產值都只有二百億美元（合新台幣約六三五五億元）左右。可見暴漲的情況只出現在很短暫的一段期間內，而那段期間很多人認為是因為美國的法規突然緊縮，於是造成許多經濟活動跨越大西洋而來。這個說法並非空穴來風，美國當局如此相信，當時在倫敦的一般看法亦復如是。也就是說，大西洋兩邊的政府都對金融產業的暴漲負有部分責任，而非那些在英國工作的人才，因此，若政府能採取反向的政策相對應，自然也能縮小金融特區的規模。

主管機關與英格蘭銀行都企圖制定政策規範金融特區，但反對者認為英國承擔不起讓特區的規模縮小，或者讓金融服務業往海外出走。值得一提的是，教科書上有個古老的經濟概念——機會成本（opportunities costs）——反映的是已過去的某些契機對某件事情的代價。舉例來說，一個產業的規模如果過大，代價之一便是它會用掉別處相對高價值機會的資源；如果一個產業縮小，釋出的資源就會轉向其他的機會。這個概念對有關金融特區的辯論非常重要，因為經濟通常不會讓縫隙空得太久，換句話說，如果恰當的法規造成了金融特區的規模縮減，那些離開金融服務業的人才不可能失業太久，釋放出來的資源也不可能被無端長久閒置或浪費。

很多人以為，金融服務是英國服務產業問題的縮影，但即使將金融服務暫放一邊，還有其他理由也會讓人感覺我們對服務業的熱情恐已瀕臨極限。問題並不在國內的服務產業，因為我們生產並消費很多我們自己需要的服務項目，這些交易都發生在國內居民之間，你搔我的背，我搔你的背，彼此互益，共同享受；但比較會發生問題的，是當我們在對外銷售服務時，是否能賺取足夠的外匯，用來滿足我們對進口製造產品無盡的欲求？外銷製造產品和外銷服務的模式不盡相同，後者意味著比較多親密的泛文化與泛國際交流，然而，並非每個人都喜歡跟世上其他地方產生日益緊密的連結。

我們可以隔空將貨物賣給中國，但我們無法以同樣不具名的方式，將服務外銷到中國去。如果連外銷金融服務都需要簽合約，那麼外銷其他的服務項目，就需要更多近距離的接觸，很多甚至需要面對面才能提供服務，這代表著將有更多外國人來到英國旅遊、念書，以英國做為短期的據點，或者長期的居處；我們需要更開放的邊界，才能確保足夠的外國人口進到英國來消費我們的服務，以便賺取足夠的外匯維持我們已經習以為常的生活水準。英國對全世界一直都很開放——這是貫穿本書的主題——但英國居民的忍耐力卻可能已接近飽和點。英國前首相大衛．卡麥隆（David Cameron）在二〇一〇年八月的一次演講，指出英國沒能充分開發做為國際旅遊目的地的潛力，至為可惜：「以中國旅客為例，」他說：「我們在他們最嚮往的目的地排名居第二十二位，德國卻可望擠進前十名，為什麼我們不能？」在這個演講之後不久，我去中國訪問，根據我所接觸到的中國民眾，我們的低排名，主要是因為外國人很難獲得簽證進入英國。其他大部分的歐盟國家都有統一的簽證政策，所以只需要一份文件，就可以同時進入這幾個國家，但英國卻不然，我們有自己的、較昂貴的簽證，而且不是人人都能取得。很多中國人告訴我，他們不敢申請英國簽證，因為他們很怕自己的護照上出現簽證被拒的印章。

我猜想也許十年之後，英國——如果它想的話——將能把高等教育大量外銷給中國和印度學生，其規模之大可以讓今天的數字望其項背，但如果人們進來英國會受阻撓，那就不太可能。我們開始嚴格取締學生簽證，因為國際學生簽證制度被明顯濫用的狀況層出不窮，很多偽造的學校掛羊頭賣狗肉，純粹只是以出售英國居留權給外國人當成投機賺錢的手法，而藉此取得簽證的假學生進來之後，根本無法追蹤他們的下落或將之遣送回國。然而，儘管防堵濫用英國移民法規的漏洞至關緊要，但簽證的緊縮無疑也將對賺取外匯的服務產業——尤其是大學——發生嚴重的負面影響。

限制人們移動的結果，最明顯的例子便是二〇〇一年九月十一日恐怖攻擊行動之後，到美國留學的國際學生人數驟減。在十九名劫機客裡，只有一位——哈尼・漢久爾（Hani Hanjour）——是以學生簽證進入美國，但當時很多問題的爭議由來已久，所以美國小布希總統（President Bush）回應恐攻的對策之一，便是對進入美國念書的外國學生做出嚴格的管制。美國國務院（US Department of State）列出一張支持恐怖主義國家的名單（包含古巴、利比亞、伊朗、伊拉克、北韓、蘇丹、敘利亞在內），來自這些國家的學生都將被拒絕學習一系列的課程，包括化學和生物科技工程等。學生交換與旅客信息系統（The Student Exchange and Visitors Informaiton System）強制大學必須對國際學生進行更加嚴密的監督，不僅必須在線上登錄這些學生，如果學生沒來註冊，或者學生的個人情況出現任何改變，都必須向移民與入籍局（Immigration and Naturalization Service）報備，同時這些措施的所有成本都須由本計畫所要監督的學生共同承擔。此外，各大學還被鼓勵對敏感題材的研究報告做「自我審查」，發展分級制度來發表科學訊息，並對需要這些訊息的人做出接收上的限制。在二〇〇一年之前，到美國求學的外國留學生人數，每年以五％的速度成長；但二〇〇二至二〇〇三學年度，亦即九一一恐怖攻擊之後的第一年，成長率已不復見，尤其當各項限制措施開始生效之後，海外留學生的人數開始下滑，直到二〇〇七至二〇〇八學年度，國際學生的人數才總算恢復到九一一前的水準，但來自伊斯蘭教國家的留學生人數，比例仍明顯降低。

在英國，簽證政策的實際問題會形塑國家外銷產業的發展方向。科技的進步、財富的增加，以及旅行成本的降低，這三項要素結合，使服務業獲得強大的潛力走上全球貿易之路，並已在過去十年來成了我們的經濟強項，只不過往後我們應如何繼續在這條路上求發展，已成為今日的重要課題，而面對這個問題，一般也有兩種回應：第一種論述指出，像英國這樣的國度，應該接受它的經濟命運，繼續開放給願意來此消費的人們，尤其倫敦是個世界型時尚都會，也是我們所擁有最大的收入製造來源，而既然倫敦已經奠定了這方面的角色與國際地位，為什麼我們竟企圖要重新改造倫敦？此外，論述者多認為大學學府是各項外銷服務產業中，最值得我們驕傲的一環。

第二種論點採反面立場，認為英國應該尋求替代性的經濟模式，以便減少來到本地的外來人口，這樣一來，本地居民才不會覺得自己的英國認同受到了嚴重的威脅。此一論點的邏輯，來自本書第二章已提過的基本原則，也就是成功的國家很自然會專精於他們有豐富資源可堪使用的經濟活動上。像英國這樣一個相對擁擠的國家，竟然會專精於需要大量外國人口來到此地的經濟活動，不免有點詭異。英格蘭是各個歐洲主要國家裡，人口最密集的地方，而人口壓力所帶來的警訊之一，便是在英格蘭東南部地區，已經很難找到相對低廉的土地可以建造飛機跑道，以便克服國家亟需解決的空中交通流量的問題——這些困境或許正在警告我們，我們並不想、也不應將英國發展成全球中心。

也許在兩造之間，傾向於哪一個選擇端視於個人品味：你是否喜歡世界性的大都會，期望在社會上看到各式各樣的人才，從外國留學生、到俄國政治人物、再到美國運動明星等；或者，也許你更偏愛居住在一個較為傳統、保守的環境裡。英國居民對於來到此地的外來人口，心態上顯然有點矛盾，不過，他們無疑也很享受全球化產業為他們帶來的良好收入。

結語

我將本書分成三個部分，企圖解釋英國維繫經濟的方式，以及我們如何從以製造產品為主，演化到今天銷售昂貴、無形的內容。因為看到此一發展背後合理的邏輯，使我對我們的生產潛力大體上做出了樂觀的評價。太多人習慣不假思索地認定，無形就等於沒有價值，但我希望我已清楚地做出解釋，情況並非如此。我知道我們的經濟模式有一些弱點，其中有的一向都很明顯，有的則是到了金融危機爆發之後，苦不堪言的效果更形顯著。在本書的結論裡，我想對我們目前的重要課題做些反省，而要了解英國面臨的挑戰，從北英格蘭的桑德蘭（Sunderland）著手，應該是個恰當的起步。

我從未花時間待過桑德蘭，跟大多數以倫敦為據點的新聞記者一樣，我通常把紐卡塞（Newcastle）和蓋茲黑德（Gateshead）看成英格蘭東北方的亮點，有當代藝術中心、漂亮的大橋，以及活潑的夜生活。相較之下，桑德蘭沒什麼地方可以吸引遊客，但它仍是一個有分量的城市，在我們拍攝《英國製造》紀錄片的最後幾個訪問行程裡，桑德蘭是其中之一，而我也很快就發覺，其實我們大可以在這個城市裡拍完整個電視系列。

桑德蘭曾是一個重要的製造中心，是全世界最大的造船城市，不過當海外其他地方可以提供更廉價的勞工之後，這個產業就離岸而去了，一九八〇年代末期，造船工業已從此處徹底消失。桑德蘭存在了好幾百年的玻璃工業後來也不斷縮水，直到全部關閉；煤礦產業也是。在舊工業荒蕪而新產業來臨之前，桑德蘭經過一段非常痛苦的轉型期，目睹了經濟和社會衰退的連鎖效應：犯罪率上升；房地產敗落凋零；正直的良民都想逃離這個地方；家庭生活陷入困境（或許如果男人沒有工作，女人就也不想嫁給他們）。城市失去了它的身分認同及過去製造業所曾帶來的公民自豪感，多少也解釋了為什麼當地居民開始依賴地區足球隊的表現來鼓舞士氣。一九八〇年代真的是萬分低迷。

幸而，絕望之中總算出現了希望的曙光。新的製造設施在一九八六年啟動了：Nissan在附近設立的汽車工廠，是全英國最大的汽車製造廠，而且正如許多新的製造設備——尤其是根據日本技術發展的設備——並不需要倚賴十幾二十年前那麼多的人手，就有很高的生產力。隨著汽車工廠的營運，新的服務產業誕生了；桑德蘭接著成為新的電話客服中心（call centre），在市政府的協助下蓋起達克斯福國際商業園區（Doxford International Business Park），園區聘用了八千名員工，其中有五千人都是在接觸中心（contact centre）工作——接觸中心是電話客服中心的新名稱，因為現在與客戶的接觸已不再限於電話聯繫而已。園區裡的企業從英國公司到國際公司所在多有，例如T-Mobile、EDF能源公司、體育用品Nike英國分部，另外也有很多金融服務機構，包括巴克萊銀行（Barclays）、More Than等——More Than屬於皇家太陽聯盟保險集團（Royal Sun Alliance）旗下的一環。園區的正中心有一座高達七公尺的不鏽鋼巨型雕塑Quintisection，是以遠洋客輪的剖面為靈感，堪稱桑德蘭由製造業轉型到服務業的最佳象徵。幾英里之外的桑德蘭市中心，也呈現了復興的氣息；大學的面積擴大了，有一萬七千五百名學生（其中七千名來自海外）。與大學毗鄰的是國家玻璃中心（National Glass Centre），於一九九八年在威爾河（River Wear）北岸開幕，旨在以文化中心和餐廳等設施吸引遊客（雖然要吸引到它所需要的遊客人數，仍需一番努力）。當然，桑德蘭市還有一個吸睛的重要建築，便是桑德蘭足球俱樂部（Sunderland AFC）在一九九七年正式啟用的光之體育館（Stadium of Light）。

如果能把桑德蘭描述成一個從墜落中浴火重生的典型，蛻變後已比過去更大、更好，那該有多美妙！只可惜經濟的故事從來不是這麼簡單。雖然自從一九八〇年代之後，城市已獲得各種改善，但仍然面對許多問題；儘管服務經濟已經填補了很多製造產業撤離後所留下的空缺，可是我在桑德蘭訪問到的許多人，沒有一位認為城市能夠僅憑服務業長久生存；此外，服務工作的薪資，不如製造業或過去礦場工作所能維持的生計。我在桑德蘭北邊的達克斯福，拜訪了 2Touch 的辦公室，這是一家負責外包電話／接觸服務的美國公司，他們主要的工作內容都是打電話做陌生拜訪（cold calling），試圖說服電話另一頭的陌生人換個能源公司，諸如此類。公司的人告訴我，他們做這一行，非常重視員工的「回彈能力」（bounce-backability），因為每個人一天可以打兩三百通電話，但可能只做成兩三件銷售，絕大部分的通話都是被對方拒絕，甚至要你滾蛋。公司內部的活躍能量令人振奮，工作動機和士氣都很高昂，但是跟倫敦金融特區那種高端市場的全球性服務距離很遠，跟過去為桑德蘭賺錢的製造產業也非常不同。2Touch 的工作人員都很年輕，平均任期不到一年，而且這種電話中心的職位，就薪資而言，大概都不可能彌補得了傳統性的全職工作，雖然數千人可以在這裡找到生計是件好事，但這個地區顯然還需要有技能與專業的人口，才能更長遠地發展下去。無疑地，桑德蘭每個人都很高興 Nissan 汽車決定在此地設廠。

從桑德蘭以小見大，英國的經濟可以分成三大產業——物件的製造、智慧財產，以及服務業——我們需要三者齊頭並進，才能茂盛繁榮，而未來十年最大的挑戰之一，可能便是要在這三者之間找到恰當的平衡點。偶爾，有些人會顯得很確定，好像事情應該是這樣或那樣，比方說他們可能會認為製造業至上，或者認為服務業才有未來，另外也有人會不斷強調「向上層價值鏈移動」的重要性，也就是說，他們認為智慧財產方是終極的產出之王。這些單刀直入的論述都很有吸引力，因為它們都具有一部分的真實性，不過製造業、智慧財產和服務業之所以重要，在於它們全都很重要，而且是同步重要。我們需要製造業，因為不是每個人都適合從事服務業，也不是每個人都能在智慧財產界有所產出，為了全體人口的福祉，我們當然需要勞工市場的存在，提供機會上的均衡，但是我們也需要另外兩個產業，因為沒有一個有效能的製造產業，能夠有意義地聘用超過五分之一的工作人口，何況如果我們僅能專精於三項財富資源中的一項，那麼我們將不太可能繼續保持現有的富裕水平。良好的製造業是建立在智慧財產的基礎上，而智慧財產通常也需要和工廠與具象物質做某種連結，與此同時，強大的服務經濟需要欣欣向榮的公司在國際上活絡貿易，才能創造服務的項目與需求。

回頭看金融危機爆發之前的二〇〇七至二〇〇八年，我們的經濟演化顯然出了一些差錯：可貿易的產業已縮得太小，經濟轉向過度仰賴進口製造產品的內需市場，如果這時我們的智慧財產和服務業也能發展到足以負擔我們的進口，倒也還無所謂，可惜事實卻不然。所以，現在必須再度建造我們的可貿易產業，亦即必須重新增強、擴展我們的製造能力才行。

如果金融危機有讓任何事情變得比較清楚，就是我們做為一個國家，必須開始多存錢、多投資，而隨著我們做出這些調整，重新平衡的過程就會啟動，我們的經濟將會逐漸轉向製造與外銷的產業上。

一旦重新平衡發生了，我們還應正面迎向另一個挑戰：隨著經濟知識化的腳步加劇，經濟不平等及區域不均衡的現象日益加深，我們必須尋求妥善的解決之道。當國家大部分的產出是來自製造業時，財富較能分散到各個地方，僱用各種不同技能的人才；但是智慧型產業會有群聚的特性，這對某些地方當然受益無窮，尤其是倫敦、英格蘭東南部、愛丁堡，以及其他幾個零散的角落，可是對桑德蘭與英國大多數的城鄉來說，卻不是很有用處。這些地區不僅錯失很多機會，而且那些群聚地會將其他地區的頂尖畢業生吸引過去，因為那裡有最好的工作機會，於是造成了國家的嚴重傾斜，有些地區只有低薪的工作，僅能仰賴公家機關過活，但有些地區卻變得特別富庶，卻也格外擁擠。

我們有雙重挑戰，一方面需要確保製造業擴大到適合我們經濟的規模，但在另一方面，也要確保服務業縮小到相應的尺度。支持右派立論的人士將會呼籲，這表示我們需要較小的政府產業，因為這個產業是以向成功的經濟徵稅做財源而來；但左派支持者又會說，我們應該從金融界收回權力和影響力。我個人認為，要避免意識形態之爭，最簡單的辦法是確保我們對經濟的每個部分都做好微觀管理。如果我們有一個有效能的政府產業，可以提供人民所需的服務，我們就不能說政府產業是經濟的負擔，正如我們不會說自來水公司或超級市場是經濟的負擔一樣；同樣地，如果我們能夠改善對金融產業的管理，避免過去所犯的錯誤，將之與國家整體經濟的目標重新接軌，那麼我們或許也毋須對其規模感到過度焦慮。

談到重新平衡的挑戰時，我在拍攝《英國製造》紀錄片期間，觀察到三個不斷重複的現象：第一、好大學極為重要。它們本身不僅是一個龐大的服務外銷產業，在智慧財產的創造上也扮演重要的角色，而智慧財產往往又跟我們的製造產業息息相關。幾乎在所有最聰明、最獲利的經濟部分裡，大學的研究都是不可或缺的一環，而英國很幸運地擁有極高比例的全球頂尖大學。事實上，如果你硬要我說，在所有的外銷產業裡最讓人驕傲的是什麼，我可能會說是我們的大學。根據經濟基本原則，我們應該使用最豐富的資源建造最有價值的經濟，那麼大學便應是我們最有用的資產之一，尤其現在全球越來越渴求優秀的高等教育。在現代世界裡，能夠結合純研究、應用研究與教學，使之共同成為價值生產中心的地方難能可貴，因此它們自成一個迷你群聚，從而可能在周遭衍生出重要的產業聚落，就地區和產業政策而言，大學的重要性不言可喻。

第二個觀察，便是英國做為一個開放經濟，對於形塑國家過去和未來的走向至關緊要。我們的開放性，培育了我們扮演全球商業服務中心的角色，而我們的公司與國際整合，也幫助我們找到解決問題的某些管道。正如英格蘭向來缺乏良好的足球教練，所以足球聯盟（Footfall Association）會到海外尋找堪擔大任的人才，英國經濟出現了各種不足之處，這些疏漏都獲得了來自國外的彌補：一九七〇年代，我們對製造管理的品質欠佳；幾十年來我們的投資成本始終不足；在二〇〇〇年代，我們的勞動市場在某個程度上也欠缺人手。相對於其他國家，我們沒有很強烈的經濟國族主義，這個特點有好有壞：在一方面，每當出現了某種瓶頸時，能夠越快想方設法加以解決，當然是上策，但在另一方面，如果每當有問題，我們就立刻從外面進口解決之道，也很容易讓我們的國家變得懶散，疏於防範本就不應該犯的過錯。如果英格蘭足球隊總是能從海外聘請到好教練（或者如果菁英足球聯盟總是能從國外挖掘到好選手），那麼又何必致力培養國內的優秀人才？我不是說我們應該從全球化的方向撤退，而是在擁抱全球化的同時，也永遠不應該停下腳步，確保對自己做充分的投資。

我的第三項觀察，則是我們應將經濟發展看成一種過程，而非一個事件，因為各種事情和條件會不斷地一變再變：電視字幕機、傳真機、電子郵件等，都曾一度主宰著未來，然而就在未來即將抵達之前，很快又出現了下一個新發明，徹底改造我們的世界。成功的經濟總是能充分運用現有資源，將之開發到最高價值的產業上去，並隨著環境的改變而不斷因應調整。無疑地，抽象的全球力一定還會繼續為我們帶來各種嶄新的變遷與考驗。

最近幾十年來，很多人看到了中國的崛起，不免擔心當中國也向上層市場移動，開始產製噴射引擎、創造全球品牌時，我們應該做何營生？他們認為中國已經取代了我們低階的製造工作，很快亦將搶走我們的高端人才，屆時我們豈非將變得一無所有？但我認為這是杞人憂天，因為有朝一日，當中國成為全球製造噴射引擎的重鎮時，噴射引擎的價格將下跌，而我們應該已轉往其他方向尋求發展了！或許我們又將回頭製作西裝，因為如果中國不做西裝，市場就空出來了，又或許中國和英國會各自同時產製西裝及引擎也不一定。我不知道，也不想預測什麼才是正確方向，因為未來是不定型的，憑空猜想並非很有意義。很多人都希望，如果我們再爬過一個市場的山頭，就能夠抵達正確的經濟目標，但問題是，這樣的想法並不切實際，因為我們確實可以再爬過一個山頭，只是屆時我們也將發現，理想境地又已出現了變化——這並非問題，也非解決方案，僅是對世界運作的一種反思而已。

工作市場上最有用的，是兩個最基本的技能——讀寫與算數——它們對我們所做的任何事情都無比重要，並使我們隨著經濟的變化與調整，有能力從一個活動轉向另一種應用。我唯一能說的是，根據我的觀察，我們的經濟有幾個局部令人失望之處，這些都亟需我們加以改善，否則整體而言，我們的謀生之道並無任何值得蒙羞之處，同時也應該對自己的能力感到自信，因為我們足以迎接任何未來對我們的嚴厲挑戰。

參考文獻

書籍

Addy, John, *The Textile Revolution* (London: Longman, 1976)

Allen, Robert C., *The British Industrial Revolution in Global Perspective* (Cambridge: Cambridge University Press, 2009)

Aspin, Chris, *The Cotton Industry* (Princes Risborough: Shire, 1981, new edn 2003)

Bernstein, William J., *A Splendid Exchange: How Trade Shaped the World* (London: Atlantic, 2009)

Beevor, Antony, *D-Day: The Battle for Normandy* (London: Viking, 2009)

Bevan, Judi, *The Rise and Fall of Marks & Spencer* (London: Profile, 2001)

Brooks, David, *Bobos in Paradise: The New Upper Class and How They Got There* (London: Simon & Schuster, 2000)

Crawford, Matthew B., *The Case for Working with Your Hands, or, Why Office Work is Bad for Us and Fixing*

Things Feels Good (London: Viking, 2010)

Crump, Thomas, *A Brief History of how the Industrial Revolution Changed the World* (London: Robinson, 2010)

Deane, Phyllis, *The First Industrial Revolution* (Cambridge: Cambridge University Press, 1965)

Farmer, Adrian, *Belper Through Time* (Chalford: Amberley, 2010)

Ferguson, Niall, *Empire: How Britain Made the Modern World* (London: Allen Lane, 2003)

Frank, Robert H. and Philip J. Cook, *The Winner-Takes-All Society: Why the Few at the Top Get So Much More than the Rest of Us* (1995; London: Virgin, 2010)

Friedel, Robert, *A Culture of Improvement: Technology and the Western Millennium* (London: MIT Press, 2007)

Johnson, Steven, *Where Good Ideas Come From: A Natural History of Innovation* (London: Allen Lane, 2010)

Jones, Edgar, *The Business of Medicine: The Extraordinary History of Glaxo, A Baby Food Producer Which Became One of the World's Most Successful Pharmaceutical Companies* (London: Profile, 2001)

Jones, Richard, *The Apparel Industry* (Oxford: Blackwell Science, 2003, 2nd edn 2006)

Lee, Stewart, *How I Escaped My Certain Fate* (London: Faber & Faber, 2010)

Maddison, Angus, *The World Economy: Historical Statistics* (Paris: OECD Publishing, 2003)

McCloskey, Deirdre, *The Bourgeois Virtues: Ethics for an Age of Commerce* (London: University of Chicago Press, 2006)

Olins, Wally, *Wally Olins: The Brand Handbook* (London: Thames & Hudson, 2008)

Sandbrook, Dominic, *White Heat: A History of Britain in the Swinging Sixties* (London: Little, Brown, 2006)

Schonhardt-Bailey, Cheryl, *From the Corn Laws to Free Trade: Interests, Ideas, and Institutions in Historical Perspective* (London: MIT Press, 2006)

Sennett, Richard, *The Craftsman* (London: Allen Lane, 2008)

Trentmann, Frank, *Free Trade Nation: Commerce, Consumption and Civil Society in Modern Britain* (Oxford: Oxford University Press, 2008)

Weightman, Gavin, *The Industrial Revolutionaries: The Creation of the Modern World, 1776–1914* (London: Atlantic, 2007)

Whitehead, Christopher (ed. Phil Coulson), *Proud Heritage: A Pictorial Heritage of British Aerospace Aircraft* (London: Weidenfeld & Nicolson, 1998)

Wilson, Frank R., *The Hand: How its Use Shapes the Brain, Language, and Human Culture* (New York: Pantheon Books, 1998)

Wolfe, Tom, *The Bonfire of the Vanities* (London: Cape, 1987)

Woolley, Paul et al, *The Future of Finance: The LSE Report* (London: London School of Economics and Political Science, 2010)

Yorke, Stan, *The Industrial Revolution Explained: Steam, Speaks and Massive Wheels* (Newbury: Countryside Books, 2005)

文章

Baumol, William J., 'Macroeconomics of Unbalanced Growth: The Anatomy of Urban Crisis', *The American Economic Review*. June 1967, vol. 57, no. 3,415–26

—— and William G. Bowen, 'On the Performing Arts: The Anatomy of their Economic Problems', *American Economic Review, Papers and Proceedings*, 1965, 55(1/2), 495–502

Dedrick, Jason, Kenneth L. Kraemer and Greg Linden, 'Who Profits from Innovation in Global Value Chains?: A Study of the iPod and Notebook PCs', *Industrial and Corporate Change*, 2010, vol. 19, issue 1, 80–116

'The Tragedy of SID Revisited', *The Weekly Standard*, 31 December 2007, vol. 13, no. 16

'Chronically Ill Patients Get More Care, Less Quality, Says the Latest Dartmouth Atlas', *Journal of Hospice and Palliative Nursing*, July/August 2008, vol. 10, no. 4, 185–7

'Transatlantic Trends Topline Data 2010', German Marshall Fund of the United States (with the Compagnia di San Paolo, Turin, Italy and others)

作者謝誌

本書的寫作與電視紀錄片系列的拍攝過程同時進行，也就是說，印刷形式和影音媒材互通有無，因此計畫參與者只要涉及其一，便同時參與了兩者，也因此書籍和紀錄片都應該被視為團隊合作的成果，不過所有的數據，以及對這些數據和事實的詮釋，則須由我負全責。

如果沒有湯姆．布朗里（Tom Bromley）的幫忙，本書絕無出版可能，他寫了有關歷史的段落、許多公司範例，以及其他素材，加起來至少有全書三分之一。他總是不斷提供高質量的材料，無怨無悔。

同樣地，如果沒有這三集電視紀錄片製作團隊的力挺，本書很可能也無問世之日。他們為內容提供好點子，說服參與者，並且為背景故事進行深入的研究。在斯特雅．畢斯瓦斯（Steya Biswas）、山姆．高斯（Sam Goss）與班尼迪克．山德森（Benedict

Sanderson）等人幹練的協助之下，丹．希爾曼（Dan Hillman）、馬汀．斯摩爾（Martin Small），以及強恩．史蒂文斯（Jon Stephens）拍製出了本系列。幾位助理製作人在整理資料上的努力，以及對每一個訪問行程所做的簡報珍貴無比。團隊成員不僅對整個計畫貢獻良多，而且都是令人合作愉快的夥伴。

多明尼克．克羅斯里－賀蘭德（Dominc Crossley-Holland）是說服我加入《英國製造》計畫的第一人，他和系列製作人麥可．托夫特（Michael Tuft）持續鼓勵著我，並隨著計畫的推動，不斷給予建設性回饋。紀錄片拍攝期間，我所能給予《今日》（*Today*）和《底線》（*Bottom Line*）兩個節目團隊的時間相對減少，但他們卻能友善地包容。其他很多BBC的同事也都付出了心血，例如馬汀．大衛森（Martin Davidson）敦促我們在視野上展現更大的企圖心，此外，賽門．芬區（Simon Finch）、約翰．奇特斯伊斯（John Kitsis）、潘蜜拉．希爾（Pamela Seal）等人，也都不應或忘。至於開放大學（The Open University）對本紀錄片的支持，更值得在此衷心致謝。

節目製作過程中，拍攝、訪問了許許多多的人，他們都賦予我——以及攝影機——不同凡響的通關權。公司行號通常對開放門戶給廣播人感到相當緊張，因此我必須特別感謝他們，尤其是那些後來沒有被放進影片裡的訪問對象。當你花了寶貴的時間，但紀錄片工作者最後居然沒有採用你貢獻的材料時，一定大失所望；我很能理解這個感受，因為我所拍攝的許多材料，後來也都沒能被剪進紀錄片裡。我唯一能夠向各位保證的是，我們這段期間所有的談話，都成為形塑本書思考內容的重要素材。

我要謝謝歷史學家富蘭克．川特曼（Frank Trentmann），是他講述現代英國商業、消費與市民社會形成過程的著作，給予我「自由貿易國度」（Free Trade Nation）這個詞彙。

我也要謝謝我的經紀人克萊兒．派特森（Claire Patterson），以及出版社小布朗（Little, Brown）。柔伊．古蘭（Zoe Gullen）編校的速度超快，尤其令人驚豔的是，高效率絲毫不減她良好的工作品質，如果沒有她的妙筆生花，本書的文字很可能不忍卒睹。小布朗的提姆．槐庭（Tim Whiting）在整體出版過程的每個環節，都做出了智慧的決定，但我最需要感謝他的，其實是他的耐心。

而說到了耐心，我最後的謝忱則必須歸給我的伴侶紀優（Guillaume），他在家裡所展現出來無盡的耐心，令我動容，如果世上有這樣一個獎項的話，他上台領獎絕對當之無愧。

內容簡介

變遷的時代，就是引起焦慮的時代

當經濟不斷受挫之際，市場上很少出現正面的經濟觀。產業外移、房市泡沫、物價齊漲，薪資水平卻長期低迷甚至倒退，除了籠統歸因大環境不景氣之外，人們也開始質疑自己究竟能夠產製或銷售什麼有價值的東西，而未來的經濟又該走向何方？

他山之石，可以攻錯，在思考我們國家的產業發展時，或許可以看看英國如何度過金融海嘯，重新調整經濟體質，站穩腳步迎向國際新局的例子。而隨著篇章開展，讀者亦能逐漸將書中分析套用在台灣的經濟發展上，當在面對國內經濟轉型的各種挑戰時，不再如無頭蒼蠅般惶惶不安。

作者伊凡．戴維斯為英國經濟學者，也是長期深入觀察當地產業的財經記者，書中對英國經濟的分析採取正向樂觀的論點，但絕不盲目，而是就事論事，從嚴謹的數據與比較分析中得出持平而論的根據，並做出有力的提醒和檢討，目的是要說服讀者，一個正常開放國家的謀生實力，其實比我們所想像中要強得多。

本書為 BBC 電視頻道紀錄片《英國製造》的同名出版品，作者透過實地踏訪各國的產業案例，釐清過去英國到底做錯了什麼，又做對了什麼，好讓英國能夠在世界上立足。此外，透過了解英國現代經濟的發展趨勢，也能對工業化發展產生較宏觀的認知，從而不斷自我調整以適應變遷中的環境，正面迎向來自新興經濟體的挑戰。

此外，本書提綱挈領的組織架構，也能幫助讀者具體而微地認識製造業、智慧財產，以及服務業等三大產業之間如何環環相扣，又是如何共同成為支撐現代富裕經濟的三大支柱。作者更擅長用以深入淺出的故事和比喻來解釋各種經濟理論，讓人輕鬆秒懂經濟學，在不知不覺中建立明晰的經濟概念。畢竟，釐清問題，才是解決問題的第一步。

作者簡介

伊凡．戴維斯 Evan Davis

一九六二年出生於英國薩里（Surrey），是經濟學家也是新聞記者。二〇〇一至二〇〇八年間，戴維斯曾擔任英國廣播公司（BBC）經濟新聞編輯，後轉任 BBC 第四廣播電台晨間時事節目《今日》（*Today*）主持人，二〇一四年再由《今日》轉調BBC電視台，主持旗艦時事評論節目《新聞之夜》（*Newsnight*），備受推崇。他同時也主持BBC第二頻道的企業實境節目《龍穴》（*Dragons' Den*）。

譯者簡介

蔡明燁

高雄市人，台大圖書館系畢業後，曾任劇場導演、報社記者、電視編劇等職，並於英國里茲大學取得傳播學博士學位，在英國諾丁漢大學、寧波諾丁漢大學、里茲大學任教多年，現為倫敦大學亞非學院台灣研究中心兼任研究員，以及歐洲台灣研究協會祕書長。研究以華語電影、媒體、科學與文化傳播為主，除中、英文學術著作外，也經常為國內外報章雜誌及部落格撰寫各種評論，已出版中文著作包括《媒體世界》（2000年）、《英倫書房》（2000年）、《危機與安全：安全批判、民主化與台灣電視》（2003年）、《英倫蛀書蟲》（2003年）、《小書房大天地》（2010年）、《看見台灣電影之光》（2015年）、《界定跨科際》（2015年）等，最新英文作品則有《台灣電影：國際迴響與社會變遷》（*Taiwan Cinema: International Reception and Social Change*，Routledge，2017年）。有關蔡明燁博士作品，請參見 https://msafropolitan.academia.edu/MingYehRawnsley。

文字校對

馬興國

中興大學社會系畢業；資深編輯。

責任編輯

王怡之

東吳大學中文系畢業；資深編輯。

大緒文化 閱讀卡

姓　名：

地　址：□□□

電　話：(　　)　　　　傳 眞：(　　)

E-mail:

您購買的書名：＿＿＿＿＿＿＿＿

購書書店：＿＿＿＿市（縣）＿＿＿＿書店

■您習慣以何種方式購書？

□逛書店 □劃撥郵購 □電話訂購 □傳真訂購 □銷售人員推薦
□團體訂購 □網路訂購 □讀書會 □演講活動 □其他＿＿＿＿

■您從何處得知本書消息？

□書店 □報章雜誌 □廣播節目 □電視節目 □銷售人員推薦
□師友介紹 □廣告信函 □書訊 □網路 □其他＿＿＿＿

■您的基本資料：

性別：□男 □女　婚姻：□已婚 □未婚　年齡：民國＿＿＿年次

職業：□製造業 □銷售業 □金融業 □資訊業 □學生
□大眾傳播 □自由業 □服務業 □軍警 □公 □教 □家管
□其他＿＿＿＿

教育程度：□高中以下 □專科 □大學 □研究所及以上

建議事項：

愛戀智慧 閱讀大師

廣　告　回　信
北區郵政管理局登記證 北臺字8448號
免　貼　郵　票

立緒文化事業有限公司　收

新北市 2 3 1

新店區中央六街62號一樓

請沿虛線摺下裝訂，謝謝！

立緒文化 閱讀卡

感謝您購買立緒文化的書籍

為提供讀者更好的服務，現在填妥各項資訊，寄回閱讀卡（免貼郵票），或者歡迎上網至http://www.ncp.com.tw，加入立緒文化會員，即可收到最新書訊及不定期優惠訊息。

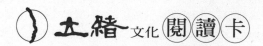

立緒文化事業有限公司　信用卡申購單

■信用卡資料

信用卡別（請勾選下列任何一種）

□VISA　□MASTER CARD　□JCB　□聯合信用卡

卡號：＿＿＿＿＿＿＿＿＿＿＿＿＿＿＿＿＿＿＿＿

信用卡有效期限：＿＿＿＿年＿＿＿＿月

訂購總金額：＿＿＿＿＿＿＿＿＿＿＿＿＿＿＿＿

持卡人簽名：＿＿＿＿＿＿＿＿＿＿＿＿＿＿＿＿（與信用卡簽名同）

訂購日期：＿＿＿＿年＿＿＿＿月＿＿＿＿日

所持信用卡銀行＿＿＿＿＿＿＿＿＿＿＿＿＿＿＿

授權號碼：＿＿＿＿＿＿＿＿＿＿＿＿（請勿填寫）

■訂購人姓名：＿＿＿＿＿＿＿＿＿＿＿＿＿＿性別：□男□女

出生日期：＿＿＿＿年＿＿＿＿月＿＿＿＿日

學歷：□大學以上□大專□高中職□國中

電話：＿＿＿＿＿＿＿＿＿＿＿＿職業：＿＿＿＿＿＿＿＿＿＿＿＿

寄書地址：□□□

＿＿＿＿＿＿＿＿＿＿＿＿＿＿＿＿＿＿＿＿＿＿＿＿＿＿＿＿＿＿

■開立三聯式發票：□需要　□不需要（以下免填）

發票抬頭：＿＿＿＿＿＿＿＿＿＿＿＿＿＿＿＿＿＿

統一編號：＿＿＿＿＿＿＿＿＿＿＿＿＿＿＿＿＿＿

發票地址：＿＿＿＿＿＿＿＿＿＿＿＿＿＿＿＿＿＿

■訂購書目：

書名：＿＿＿＿＿＿、＿＿＿本。書名：＿＿＿＿＿＿、＿＿＿本。

書名：＿＿＿＿＿＿、＿＿＿本。書名：＿＿＿＿＿＿、＿＿＿本。

書名：＿＿＿＿＿＿、＿＿＿本。書名：＿＿＿＿＿＿、＿＿＿本。

共＿＿＿＿＿本，總金額＿＿＿＿＿＿＿＿＿＿＿元。

⊙請詳細填寫後，影印放大傳真或郵寄至本公司，傳真電話：(02)2219-4998

國家圖書館出版品預行編目 (CIP) 資料

英國製造 : 國家如何維繫經濟命脈 / 伊凡・戴維斯 (Evan Davis) 著 ; 蔡明燁譯 .
-- 初版 . -- 新北市 : 立緒文化, 民 106.06
面 ; 公分 . --(世界公民叢書)
譯自 : Made in Britain : How the Nation Earns Its Living
ISBN 978-986-360-084-8(平裝)

1. 經濟發展 2. 英國

552.41 106007506

英國製造：國家如何維繫經濟命脈

Made in Britain: How the Nation Earns Its Living

出版——立緒文化事業有限公司（於中華民國 84 年元月由郝碧蓮、鍾惠民創辦）
作者——伊凡・戴維斯 Evan Davis
譯者——蔡明燁

發行人——郝碧蓮
顧問——鍾惠民

地址——新北市新店區中央六街 62 號 1 樓
電話—— (02) 2219-2173
傳真—— (02) 2219-4998
E-mail Address —— service@ncp.com.tw
網址—— http://www.ncp.com.tw
Facebook 粉絲專頁—— https://www.facebook.com/ncp231
劃撥帳號—— 1839142-0 號 立緒文化事業有限公司帳戶
行政院新聞局局版臺業字第 6426 號

總經銷——大和書報圖書股份有限公司
電話—— (02) 8990-2588
傳真—— (02) 2290-1658
地址——新北市新莊區五工五路 2 號
排版——菩薩蠻數位文化有限公司
印刷——祥新印刷股份有限公司
法律顧問——敦旭法律事務所吳展旭律師

分類號碼—— 552.41
ISBN —— 978-986-360-084-8
出版日期——中華民國 106 年 6 月初版 一刷（1 ～ 2,000）

定價◎ 350 元 立緒